Divorcio

¿Negarlo? ¿aceptarlo?
La manera correcta
de enfrentar lo inevitable

Gonzalo De la Fuente
Ediciones Afrodita

Temario

Capítulo 1
Conceptos generales

El divorcio no es algo que deba contemplarse a la ligera, ya que generalmente hay muchos ajustes importantes que deben realizarse tanto para las dos personas directamente involucradas en el proceso como para todos los demás elementos conectivos dentro del marco del matrimonio, como los hijos y los activos.

Antes de contemplar una opción de divorcio, lo ideal es que ambas partes agoten todas las demás opciones para garantizar que la relación ya no sea recuperable, y solo entonces se debe considerar la idea de la separación. Incluso entonces, el divorcio no es algo que pueda iniciarse fácilmente, ya que hay bastantes requisitos que deben cumplirse antes de que pueda llevarse a cabo dicho procedimiento.

Los siguientes son algunos de los elementos que deberían ser considerados y entendidos como base del divorcio:

Antes de que se puedan iniciar la mayoría de los procedimientos de la desunión, la mayoría de los procedimientos legales se interesan para saber que la pareja ha agotado todos los demás medios para tratar de resolver las cosas con la intención de mantener la relación. Estos incluirían sesiones de asesoramiento, intervención de fuentes legales y amistosas para ayudar a que el matrimonio vuelva a la senda positiva y cualquier otra ayuda para evitar la disolución real del matrimonio. No es que no se respete la decisión de los involucrados, pero el vínculo matrimonial que da pie a la familia, se considera de vital importancia para una sociedad.

Sin embargo, si el divorcio es inevitable, entonces otros elementos como la propiedad conyugal y las deudas deberían resolverse y acordarse para evitar posibles contratiempos durante el proceso. Dependiendo de las circunstancias individuales de la pareja, estos procedimientos pueden ser muy fáciles o difíciles de concretar.

Si hay niños en la ecuación, su bienestar y otros problemas de conexión, como la reubicación, los cambios mentales y físicos a los que adaptarse, también deberían considerarse.

El abuso nunca debe permitirse

En algunos casos el divorcio se convierte en el único recurso a buscar, cuando hay una historia de abuso dentro de la pareja. Cuando exista algún signo de violencia que deba ser soportado y esté respaldado con evidencia relevante e indiscutible, entonces el procedimiento de divorcio debe y podría contemplarse sin muchos problemas.

De ninguna manera

Sin embargo, debe tenerse en cuenta que en casi todos los casos la responsabilidad por demostrar la existencia de hechos de violencia familiar recae en la víctima; por lo que acá intervienen factores como la manipulación, el sometimiento y las amenazas, que dificultan la toma de la decisión de romper el vínculo familiar, por lo que el asesoramiento externo se torna indispensable.

Este abuso no tiene que ser necesariamente solo de tipo físico, ya que el abuso mental o emocional y el económico, también se considera igual de destructivo y sus consecuencias son difíciles de superar o ajustar.

El abuso físico es más fácil de identificar y respaldar con evidencia muy clara y adecuada, sin embargo, en comparación, el abuso mental/psicológico puede ser mucho más difícil de detectar y mucho menos de corroborar con la evidencia relevante necesaria para que se inicie el ciclo de procedimientos judiciales.

Es un punto de discusión argumentativo sobre dónde y cómo se puede etiquetar o definir este elemento de abuso, a menos que el abuso asuma y muestre resultados negativos visibles muy claros. Esto luego conduce a otros problemas, como cuánto tiempo y cuánto ha afectado la presencia del abuso en el marco del matrimonio. No obstante, hay que aclarar que en muchos países el requisito de violencia no es necesario para el divorcio, sino que con el deseo explícito de las partes de que no desean continuar con la relación es suficiente. Esto es entendible, porque si ambos no desean continuar porque ya no sienten el afecto mutuo, nadie debería obligarlos a seguir juntos ¿no les parece?

¿Se ha probado la consejería?

La asesoría es otro requisito que debe explorarse y agotarse antes de que se pueda continuar con cualquier procedimiento judicial en cuanto a la presentación de una solicitud de divorcio. En la mayoría de los casos, hay muchas vías que deberían tenerse en cuenta antes de que cualquier tribunal esté dispuesto a escuchar un caso que solicita que se inicie la acción de divorcio.

La consejería matrimonial también se puede utilizar para facilitar una forma más pacífica y rápida de pasar por el proceso de divorcio mientras se intenta limitar el impacto de la negatividad en ambas partes y en cualquier otro elemento de conexión que requiera ajustes significativos debido al divorcio.

Por extraño que parezca, a veces estas sesiones de asesoramiento ayudarán a la pareja que está realmente enfocada en el divorcio a resolver los problemas de una manera tranquila y menos defensiva, facilitando así un mayor nivel de calma y civilidad dentro del proceso legal.

Sin embargo, la razón principal para buscar algún tipo de asesoramiento sigue siendo la forma principal de intentar salvar el matrimonio y recuperar algo de la "chispa" original en la relación.

El consejero puede venir en forma de individuo profesional que esté específicamente capacitado en esta área, personas que sean voluntarios con experiencia que formen grupos de apoyo, intervención religiosa o cualquier otra ayuda legalizada que contribuya positivamente a salvar el matrimonio y devolverlo a una situación más aceptable.

Las sesiones generalmente están diseñadas para permitir que ambas partes vocalicen sus sentimientos y pensamientos de una manera protectora y propicia. Tener un forastero que no tiene un vínculo especial con las partes y que está capacitado para mantenerse neutral ayuda en las circunstancias bastante confusas y difíciles.

¿Se está quedando solo por los niños?

Hay muchas personas que se quedan en un mal matrimonio por el bien de los hijos. Esto tiene sus propias ventajas y desventajas, pero si no se maneja bien el impacto negativo que suelen causar estos sentimientos discordantes dentro del marco matrimonial, terminará causando más daño que bien a todos los involucrados.

¿Los niños?

Permanecer en un mal matrimonio, por el bien de los niños, puede ser peor que solicitar el divorcio. El primer estilo mantiene a todos juntos, pero en un ambiente de convivencia bastante estresante, mientras que el segundo contempla la posibilidad de una ruptura limpia y completa entre la pareja con esfuerzos para limitar el impacto negativo que esa ruptura tendrá en los pequeños.

A veces, permanecer en un mal matrimonio puede tener muchas consecuencias negativas con las que sería bastante difícil vivir, ya que eventualmente la situación física y mental en la que se encuentra el matrimonio sigue en aumento con un signo negativo; y esto no es saludable para el matrimonio, los niños y los adultos involucrados.

Esto se agrava aún más cuando ambas partes están de acuerdo en que no hay posibilidad de salvar la relación conyugal, el amor y los encuentros íntimos cesan, y ambas partes están dispuestas a reconocer que el matrimonio ha terminado completamente.

Por supuesto, esta es una situación bastante triste que se agrava si la pareja decide convivir por el bien de los niños, pero ven que con eso no logran la libertad esperada, sino que se sienten encadenados en una vorágine de malestar.

Sin embargo, han existido casos en los que las parejas han podido trabajar en sus vidas de tal manera que pueden vivir juntas con cierto nivel de cordura y comodidad, hasta que la decisión de divorciarse se convierte en la solución final a buscar.

¿Cómo contribuyen las acciones individuales a los problemas?

El divorcio suele ser una situación tan negativa de contemplar que se complica aún más cuando una de las partes se resiste en concretarlo. Cuando esto ocurre, el proceso real del divorcio puede ser largo y doloroso y las consecuencias casi siempre difíciles de superar mental y físicamente.

¿Necesita cambiar?

Cada persona debe ser consciente de sus propias acciones que podrían contribuir negativamente o a mejorar una situación que ya es difícil.

Si hay evidencia clara de patrones de comportamiento negativos, entonces se debe alentar a la parte en cuestión a buscar otra forma de liberar la ira y la decepción, como una sesión de asesoramiento o terapia.

Idealmente, se debería alentar a ambas partes a trabajar juntas para lograr un final más amistoso de la relación; sin embargo, casi siempre es más fácil decirlo que hacerlo.

Cuando los sentimientos están heridos y, por ejemplo, la traición ha sido el elemento principal desencadenante de la ruptura, la parte que se siente agraviada generalmente buscará formas de crear aún más problemas con el objetivo principal de extender la negatividad (reproches, culpabilidad) hacia la parte que causó que el matrimonio ya no sea un lugar feliz y de confianza.

Una buena sesión de consejería puede ayudar a la pareja a identificar problemas y encontrar soluciones para menguar la lucha que ya existe dentro de la relación.

Acciones como malicia, búsqueda de venganza, creación de caos y cualquier otra oportunidad para causar problemas a la otra parte deben desanimarse y aquel que se siente herido debe recibir otros recursos que sean de naturaleza más productiva y menos destructiva a la hora de desahogar sus frustraciones.

¿Hay heridas emocionales que no sanan?

Cualquier persona cuerda no querría contemplar el divorcio, especialmente si existe la posibilidad de salvar el matrimonio. Sin embargo, para algunos, la idea de una separación es inevitable y, por lo tanto, requiere que el individuo esté preparado tanto mental como físicamente para el momento casi siempre traumático y perturbador que se avecina.

Curación

Para aquellos que experimentan un dolor profundo durante este período, puede ser bastante difícil superar la angustia durante bastante tiempo y esto deja a la parte "herida" sintiéndose perdida y ciertamente sola.

Hay un porcentaje de personas que nunca se recuperan del trauma del divorcio y esto a veces puede provocar amargura e ira. Sin embargo, con todos los diversos grupos de apoyo y servicios de terapeutas disponibles en la actualidad, la persona que atraviesa una experiencia tan desagradable puede buscar la ayuda necesaria para hacer que este período de transición sea manejable y aceptable.

La infidelidad, por lo general, se encuentra entre las principales causas del origen de las heridas que probablemente no sanan o que, en el mejor de los casos, tardarían más en curar, ya que la confianza se encuentra en la base del matrimonio.

Esta sensación de traición a menudo es muy difícil de aceptar y procesar, lo que causa heridas profundas que tienen efectos duraderos y de largo alcance. Otra posible causa de que la herida emocional no pueda sanar sería la existencia de abuso físico/emocional dentro del perímetro del matrimonio. Este tipo de trauma a menudo es difícil de olvidar o perdonar.

El divorcio resultante por un cambio en la orientación sexual de uno de los integrantes de la pareja, es también otra experiencia bastante traumática, que generalmente deja a la otra parte de la sociedad matrimonial devastada e incapaz de comprender el cambio.

Para la mayoría de las personas que atraviesan un divorcio, llegar a un acuerdo con el trauma experimentado es a menudo una de las cosas más difíciles de contemplar. Sin embargo, si es necesario hacerlo, la persona debe aprender a hacer el duelo de manera adecuada y completa para asegurarse de que el proceso de curación siga su curso y le ayude a seguir adelante.

Superación

Las siguientes son algunas formas de abordar el proceso de duelo de una manera que ayude a la persona a superar este momento tan difícil:

Tener un buen sistema de apoyo es una forma muy buena y efectiva de comenzar el proceso de duelo con la asistencia adecuada disponible. Este sistema de apoyo permitirá al individuo las plataformas necesarias para apoyarse en caso de que la experiencia se vuelva demasiado difícil de soportar por sí sola.

Como le he dicho, buscar ayuda profesional es otra opción que puede considerar la persona lesionada, ya que estos tipos de asistencia generalmente se brindan con el mejor consejo posible basado en el conocimiento y la experiencia del consejero. Este tipo de ayuda proporcionará a menudo al individuo el mejor recurso para adaptarse a fin de que su vida vuelva a algún nivel de normalidad.

Apoyarse en las creencias religiosas del individuo para ayudar a superar este momento difícil es también otra opción para explorar. Sin embargo, esto solo se aconseja si dicho individuo está muy arraigado en sus creencias religiosas y tiene la fe de que esta elección lo ayudará a superar este momento difícil y solitario.

También se anima a disfrutar de una fase de duelo en la que se anima a la persona a llorar y expresar su voz en un entorno controlado. Esto puede ser muy útil para que la persona agote todos los sentimientos relacionados con el divorcio antes de aprender a seguir adelante.

Un divorcio o una separación puede ser el origen de un trauma psicológico.

Muchas separaciones románticas son dolorosas, incluso cuando se hacen de mutuo acuerdo, o cuando nos damos cuenta de que probablemente esta sea la mejor solución, o bien cuando los sentimientos ya no están. Generalmente las discusiones no desaparecen y son demasiado frecuentes y los malentendidos se instalan. Esa ternura del pasado ha dado paso a la indiferencia, etc. La separación y el divorcio nunca son fáciles para ambos.

Asimismo, en los casos en que la ruptura sea brutal, o se haga con violencia, puede generar un trauma psicológico, por el choque, las humillaciones, el desprecio que se sufre. Si la pareja abusiva es perversa agrega aún más confusión, impotencia y dolor.

Los "errores que deben evitarse" a menudo dependen de las debilidades de la persona que se divorcia. Esto puede estar relacionado con una dificultad para dejar ir al otro, o incluso en algunos casos con una dependencia emocional.

Cuando se toma la decisión de separarse, no tiene sentido querer volver, con la ilusión de que las cosas podrían salir bien y la relación podría empezar de nuevo como antes.

Aparte de la ilusión del reencuentro romántico, los principales errores radican en la violencia infligida al otro. Querer vengarse, hacerle "pagar" por este sufrimiento en el que nos ha metido, sólo complica un trámite ya de por sí difícil. Por lo tanto, es inútil agregar más, y la venganza no es una solución en absoluto.

Asimismo, exigirle una gran suma de dinero a su expareja en el momento del divorcio no es una buena idea: los juicios prolongados generan resentimientos dañinos y amargura tóxica.

Por último, es totalmente desaconsejable utilizar a los niños como moneda de cambio o tratar de influir en ellos contra el otro padre. Se trata de manipulaciones, que en ningún caso deberían tener lugar durante una separación entre dos padres.

Consejos para "vivir mejor" una separación

Hable sobre sus angustias o dificultades emocionales con amigos, personas que no estén involucradas en el divorcio. Y cuando se trata de discusiones sobre la separación, es mejor mantener los hechos y alejar los sentimientos.

Posicione a sus hijos lo más lejos posible de las consideraciones materiales, legales y sentimentales de la separación.

No dude en obtener ayuda personalmente de un terapeuta, o en un proceso común de un mediador, si siente la necesidad.

Concéntrese en su nueva vida: trabajo, amigos, familia, pasatiempos y cuando se sienta listo para nuevas perspectivas románticas.

Elija un buen abogado que no complique los trámites y se contente con hacer su trabajo como abogado, de manera benévola.

¿Es buena idea buscar "consuelo" en los brazos de otra persona?

Después de una ruptura, es legítimo hacerse la pregunta: ¿es una buena idea ir "a consolarme" en los brazos de otro, o es mejor esperar a recuperarme de la separación antes de considerar salir con una nueva persona?

La respuesta es clara: no está prohibido buscar consuelo cuando estamos en duelo, incluso en una relación temporal. Este consuelo también puede provenir de amigos más cercanos o miembros de la familia cuando realmente son comprensivos. Por otro lado, para iniciar una nueva relación romántica que deseamos que dure, es mejor tomarse el tiempo para llorar, dejar que las heridas se curen después de la separación. Ser "mejor" contigo mismo antes de comenzar una nueva relación romántica es lo ideal.

Preguntas que debe hacerse antes de divorciarse

El divorcio es una decisión que no se puede tomar a la ligera. Es una elección propia de cada uno que depende de la situación conyugal y familiar. "El único caso en el que es urgente iniciar un procedimiento es cuando hay violencia psicológica o física".

Antes de iniciar el proceso de divorcio, hacerse ciertas preguntas facilita la decisión:

1 / ¿Cuáles son mis necesidades hoy como hombre o como mujer?
Esta pregunta permite a la persona atormentada reenfocarse en sí misma y comenzar a comprender el origen de su desgracia.

2 / ¿Qué me estoy perdiendo?
La idea es encontrar el origen de sus frustraciones, saber qué le gustaría tener en la vida: ¿quiere que la pareja sea diferente? ¿Nos gustaría tener más pruebas de amor? etc.

3 / ¿Mi infelicidad se debe a mi relación o a mi cónyuge?
Para encontrar el origen del malestar, hay que responder esa pregunta. También es útil saber si el otro puede compensar este malestar. La cuestión es si el problema está en la relación, en mí, o con el cónyuge.

4 / ¿Intentamos encontrar una solución juntos?
La palabra importante en esta pregunta es "juntos". Porque muchas veces uno de los socios intenta solucionar el problema por su parte, lo que no ayuda. La idea es repensar el camino recorrido para salvar a la pareja, los medios empleados: discusión, consulta y terapia con un especialista

5 / ¿Mi apego a los demás está lo suficientemente presente como para considerar cambiar?
En este viaje, el apego debe ser un tema primordial. ¿A qué nivel se encuentra? ¿Es amor, ternura o cariño? ¿Es ella lo suficientemente fuerte para seguir adelante

en la relación? ¿Deberíamos seguir creyendo en un "nosotros"?

6 / ¿La fuente de nuestra desgracia viene de mí?
Si la persona quiere dejar a su pareja, debe asegurarse de conocer el origen de los problemas de la pareja. Cabe preguntarse si estos no provienen de algo no resuelto en ella: celos malsanos, posesividad, miedo al abandono, traumas pasados, etc.

Capítulo 2
Intentar salvar al matrimonio

Se ha teorizado demasiadas veces que hombres y mujeres son seres diametralmente opuestos. La teoría continúa diciendo que hay cosas totalmente diferentes que impulsan a ambos géneros, y cosas distintas que buscan. Esa es la razón por la que hombres y mujeres actúan y se comportan de formas radicalmente opuestas.

Ahora bien, si bien la verdad es que la propia naturaleza nos ha ordenado ser diferentes, lo que significa que nuestros comportamientos son característicos del género al que pertenecemos, también es un hecho sórdido que esto puede crear muchos malentendidos. Son varias las instancias en que los dos géneros no se hallan, por lo que existen desacuerdos y discusiones entre ambos, llegando incluso a dar pasos drásticos como rupturas y divorcios.

Ahora quiero decirle, ¡sí! ¡Puede recuperar el amor de su vida! Sin importar cuán obstinada sea la oposición, sin importar cuán lejos esté este individuo de usted, sin importar cuán desesperada parezca su situación.

Hay algunos números bastante pesados y deplorables sobre las relaciones que no han funcionado, si bien es cierto que, si se hubiera utilizado un poco más de esfuerzo y comprensión, estas relaciones podrían haber funcionado asombrosamente bien.

La intención de este capítulo es mostrar qué reparaciones podrían haber funcionado en las relaciones que se deterioraron y revelar que, con un esfuerzo más considerado, muchas de ellas podrían cambiar en la dirección correcta.

Como hemos dicho, los hombres y las mujeres son fundamentalmente diferentes y debemos comprender y aceptar estas instancias. Necesitamos entender que hay cosas distintas que buscamos en la vida, e incluso en una relación, y hay otras diametralmente opuestas que un hombre y una mujer buscan el uno en el otro. Si se tiene en cuenta esta ley fundamental de la naturaleza, ambos géneros podrían vivir en mejor armonía entre sí. Al darnos cuenta de nuestras diferencias, estaríamos en mejores condiciones de convertirnos en un todo unificado.

Se necesita tiempo y esfuerzo, pero, lo más importante, se necesita mucha madurez y comprensión. Si aceptamos estos contrastes en nuestros socios, tendremos relaciones más significativas. En este capítulo no le estoy diciendo que cambie su naturaleza — eso no va a suceder — pero es necesario que se dé cuenta de que su pareja es una persona diferente. No es necesario que les gusten las mismas cosas que usted hace o diga las mismas cosas que usted habla.

Al mismo tiempo, la mayoría de las cosas que etiquetamos como egoístas y desconsideradas en nuestros socios, en realidad son bastante diferentes de lo que parecen. Estas cosas no son más que los rasgos fundamentales de esas personas. Están diseñados para comportarse de esa manera particular. Si un hombre olvida el cumpleaños de su esposa, no es porque no la quiera, es porque la naturaleza lo ha diseñado para que se concentre en un trabajo a la vez.

Tal vez estaba demasiado ocupado con otra cosa, su mente estaba biológicamente desviada a esa tarea por completo y cometió un desliz. O, cuando una mujer pasa demasiado tiempo cuidando de sí misma, el hombre no debe pensar que está siendo vanidosa. La naturaleza ha diseñado a las mujeres de tal manera que les gusta cuidar su apariencia.

Esto es lo que tenemos que entender y aceptar. En lugar de convertir el mundo en una zona de guerra llena de enemistad entre los sexos, es importante comprender las diferencias diametralmente entre los dos y vivir en armonía. Estamos diseñados para ser diferentes. Es hora de aceptar eso y vivir en paz. En definitiva, son distintos y por eso se alejan, pero luego se necesitan y se unen.

Los siguientes son preceptos realmente cruciales y fundamentales que debe conocer en primer lugar, si realmente desea recuperar a la persona que ama y salvar su matrimonio.

• La humanidad solo quiere lo que en realidad no tiene.

• Los humanos rechazan los asuntos que los mandan o los confinan.

• Los seres humanos se aman a sí mismos en mayor grado que a cualquier otra cosa.

En primer lugar, debe aprender y recordar los preceptos realmente cruciales anteriores sobre la naturaleza mortal. Hasta cierto punto, estos preceptos se aplican a todo el mundo, ¡incluyéndolo a usted y a mí!

Si desea sinceramente recuperar a su cónyuge o salvar su matrimonio no debe pensar que sin ella no sobrevivirá.

Independientemente de cuánto desee que su pareja o su cónyuge permanezca a su lado, si le demuestra desesperación solo hará que esa persona esté aún más cansada y harta de verlo o reconciliarse con usted. La cuestión es que todos deseamos cierta individualidad y bienestar, y si hay alguien que demuestra bajo amor por sí mismo, no es atrayente.

Más bien, cultive la actitud mental, el hábito y la conducta de tal manera que no requiera que esa persona esté cerca para su felicidad o placer. Realmente no necesita la presencia o aprobación de otra persona para conseguir felicidad y paz.

Si descubre cómo cultivar este tipo de actitud y hábito mental, descubrirá que su pareja será la que se asuste. ¡Tendrá miedo de perderlo!

Piense en esto: ¡los seres humanos tienden a querer lo que en realidad no tienen!

Si su pareja o cónyuge está saliendo con alguien que no sea usted, ¡no le impida ver a otras personas! ¿Tiene un competidor cerca?

Esto es lo que tiene que hacer. No impida que su pareja vea a otros. Si le lloras, te quejas y lo regañas, puedo decirte que más desearán ver a la otra persona.

¿Cómo? ¡No pueden soportar que llores o te quejes! Si desea evitar que tengan algo que desean, ¡más lo desearán! Los seres humanos tienden a desear lo que en realidad no tienen.

Entonces, si intenta evitar que vean a un individuo diferente, ¡más desearán estar con ese individuo! Para ellos, será un gran desafío si intenta detenerlos.

Si alguna vez ganan a ese individuo, ¡se sentirán triunfantes al respecto! ¡Y adivine qué, es usted quien los desafía a que no obtendrán lo que desean! Recuerde, luchar para recuperar a la persona que ama casi garantiza su fracaso.

Entonces, ¡lo que tiene que hacer es brindarles libertad de elección! ¡Hágales sentir que usted es mejor persona que su competencia para estar con ella, ya que respeta su libertad y sus opciones!

No restrinja a su pareja ni a su cónyuge. ¡Los seres humanos tienden a oponerse a las cosas o a los individuos que las mandan o las encierran!

Respete las decisiones de su cónyuge o lo que desee hacer durante un momento o día específico.

Si él/ella desea salir con alguien más hoy, ¡déjalo en paz! Si no quiere verte hoy, ¡déjalo así!

Cuanta menos atención le preste, adivine qué, ¡querrá su atención! ¡Comenzará a quererlo! Y lo querrán de vuelta con urgencia.

Cuanto más le preste atención, más sentirán que desea mandarles, restringirlos, y el resultado es que se resistirán, ¡lucharán! Esto solo dañará la relación entre ustedes dos.

Entonces y ahora

Muy pocas personas pueden estar totalmente felices con sus vidas. Seguramente, la mayoría hoy en día están envueltas por problemas como la desconfianza, los desacuerdos por cuestiones leves, las sospechas, la mala voluntad e incluso el odio. Las relaciones se están deteriorando continuamente a nuestro alrededor y, la mayoría de las veces, sentimos que no se puede hacer nada al respecto. Nos resignamos diciendo que así debía ser.

La vida era completamente diferente en los buenos viejos tiempos, al menos a primera vista. En ese entonces no éramos tan avanzados tecnológicamente y quizás le dimos más importancia a nuestras relaciones humanas que en la actualidad. El hombre necesitaba a la mujer, y ésta necesitaba al hombre más de lo que lo hacen hoy, eso es un hecho.

Las formas que están tomando nuestras relaciones en este momento son absolutamente deplorables. 1 de cada 2 parejas terminan en una ruptura o un divorcio.

Los niveles de animosidad definitivamente están aumentando, y esto ciertamente no es bueno.

¿Por qué está pasando esto? ¿Qué es lo que no estamos viendo? A pesar de haber asumido un compromiso incondicional al comienzo de nuestra relación, en los mejores tiempos, como usted puede llamarlos, ¿qué sucede que hace que la relación sea tan drásticamente irreparable?

Ciertamente, el problema radica en uno de los socios o en ambos. Hay algunas cosas muy básicas que nos estamos perdiendo por completo. Estamos derrochando el tiempo para darnos cuenta de que los hombres y las mujeres son seres totalmente diferentes, y que la única forma de vivir con éxito en armonía es entendiéndonos por completo.

Si cree que es demasiado difícil de lograr, debe pensarlo de nuevo. Debe ver que la situación no es tan sombría como parece. Solo hay un eslabón en esta cadena, una sola hebra, que nos estamos perdiendo. Si simplemente vemos este eslabón perdido y lo aceptamos, podremos hacerlo mucho mejor con nuestras vidas.

De eso se trata todo: comprensión y aceptación mutuas. Eso es lo que necesitamos aprender.

Reflexionar para no fracasar

Vemos este escenario muy común en el mundo que nos rodea hoy ... quizás también en nuestras propias vidas:

Es el día de la boda de alguien. Se miran a los ojos y prometen estar juntos "hasta que la muerte los separe". De pie frente al celebrante del matrimonio, es difícil imaginar cómo los dos nunca pudieron sentirse tan enamorados como lo están hoy.

Sin embargo, 5, 10, 15 años después, están frente a un juez y esta vez dicen que están divorciados. No es exactamente el final de cuento de hadas que habían anticipado hace tantos años.

Este escenario es una realidad para más del 50% de las parejas que se casan. Si bien la duración de la relación puede ser diferente entre las parejas y existen otras razones para el divorcio, la realidad es que más de la mitad de todas las uniones legales terminarán en divorcio. Las estadísticas son peores para los nuevos matrimonios.

Es un panorama sombrío, y tal vez se sienta deprimido y se pregunte qué esperanza tiene su relación frente a tales estadísticas. Lo bueno de las estadísticas es que hay bueno y malos cálculos y otras estadísticas revelan que si una pareja puede trabajar a través de los problemas en su relación; potencialmente pueden vincularse más fuerte que nunca y tener una relación aún mejor.

¿Por qué está pasando todo esto? En última instancia, son nuestras percepciones de lo que hace una buena relación y nuestras expectativas de nuestra pareja, lo que crea la fricción en el matrimonio.

A medida que aprendemos a comprender por qué tenemos estas expectativas y cómo desafiarlas, podemos mirar nuestras uniones con nuevos ojos y apreciarlas por lo que son, en lugar de por lo que no son. Con este conocimiento, todas las relaciones pueden potencialmente avanzar.

Nuestra capacidad para relacionarnos entre nosotros ha evolucionado a lo largo de nuestra vida. Aprendemos observando la cultura en la que crecimos y a través de nuestras experiencias de vida. De niños, observamos a nuestros padres y vemos cómo se relacionan entre sí, y de allí aprendemos y aventuramos un futuro.

Interactuamos con nuestros hermanos y esto contribuye a nuestro conocimiento de cómo las personas en relaciones cercanas interactúan entre sí. Aprendemos hablando con nuestros amigos y, a menudo, comparamos y contrastamos sus experiencias con las nuestras. Al reflexionar sobre lo que da forma a nuestras interacciones con los demás y por qué lo hacemos, encontramos la clave para comenzar a restaurar una relación exitosa.

Aquí hay un par de pasos prácticos que pueden ayudar en el proceso. Intente hacerlos juntos en pareja.

Reflexione sobre quién es y qué ha dado forma a sus pensamientos sobre la vida y las relaciones. Tómese uno o dos días para pensar profundamente sobre esto y hacerle las mismas preguntas a su pareja. Compare los pensamientos de ella con los suyos.

Use un diario para anotar eventos importantes en su relación cada día y qué experiencias los causaron y cuáles fueron sus expectativas que motivó esa decepción. Estos eventos contribuyen en gran medida a reforzar sus relaciones. Incluso cuando sienta que se está alejando, si lee acerca de estos eventos en su diario, recordará esos días felices que tuvieron juntos y tal vez cambie de opinión. Hará un esfuerzo por arreglar la relación nuevamente. Querrán volver a estar juntos para revivir esos días felices, y en algún lugar profundo, obtendrán la confianza de que la situación no es tan sombría como parece en el exterior.

Lo más probable es que su pareja también lo esté reconsiderando. Dado que el amor con el que comenzó fue bastante fuerte y decidido, su pareja no querrá reducirlo también. Siéntense juntos y piensen. Tal vez surja una solución para salir del pantano. Tal vez querrán estar juntos de por vida una vez más, tal como se comprometieron el uno con el otro durante ese matrimonio.

Pero los tiempos han cambiado. Nos hemos vuelto más mecánicos, más materialistas. Nuestras vidas no son tan simples como antes. Nuestras obligaciones del día no se dividen simplemente en tiempo de trabajo y tiempo en familia. Muchas más cosas compiten por nuestra atención cada día.

Aun así, las reglas básicas que se establecieron en ese entonces siguen siendo bastante frecuentes. Los roles de género se asignaron al hombre y a la mujer en ese entonces, hace tantos siglos, y aún permanecen. Independientemente de la libertad de la mujer, todavía prevalecen los roles de género. Y esto se ve más comúnmente cuando las personas están en una relación.

Hasta hace poco, los humanos se apareaban tradicionalmente de por vida con uno y, a veces, en sociedades polígamas con varios compañeros. Hace cincuenta años, cuando las personas se divorciaban, a menudo enfrentaban acusaciones y perdían amistades de por vida. Hoy en día, es probable que muchos de los miembros de nuestro círculo de amigos estén divorciados e incluso se hayan vuelto a casar con nuevas parejas.

Si miramos aún más atrás a los días en que nuestros antepasados eran cazadores y recolectores, vemos una situación completamente diferente a la que es la realidad para la mayoría de las parejas hoy en día. La historia nos ha demostrado que nuestros antepasados eran una sociedad principalmente cazadora y recolectora. Los hombres iban a buscar comida, mientras que las mujeres recolectaban principalmente semillas y bayas en su casa.

Confiaron el uno en el otro para la provisión de todo el material, pero en su mayor parte, no recibieron mucha atención emocional directa o apoyo el uno del otro. En cambio, los hombres desarrollaron camaradería con los de su género con los que cazaban, mientras que las mujeres pasaban la mayor parte del tiempo juntas, ayudando a cuidar a los niños y a preparar la comida. Las mujeres generalmente encontraban el apoyo emocional que necesitaban con las mujeres con las que trabajaban todos los días.

Este patrón continuó hasta el siglo XX. Aunque el tipo de trabajo que realizaban hombres y mujeres cambió drásticamente, los roles de género se mantuvieron prácticamente iguales. El hombre saldría a trabajar y la mujer se quedaría en casa. Este escenario no solo es típico de una cultura "occidental"; los estudios de la mayoría de las culturas del mundo revelan tendencias similares.

Durante el siglo XX, los roles tradicionales comenzaron a cambiar. Quizás las guerras mundiales crearon la necesidad de que las mujeres trabajaran fuera del hogar, pero éstas comenzaron a asumir trabajos tradicionalmente masculinos. En algunas situaciones, las mujeres ganaban más dinero que los hombres. Los roles de género tradicionales comenzaron a cambiar, las mujeres presionaron por la igualdad de derechos y, en algunos casos, los hombres comenzaron a optar por quedarse en casa, cuidar a sus hijos mientras su esposa trabajaba.

La reacción de hombres y mujeres a esta tendencia es alimento para innumerables libros y charlas en audio sobre cómo esta transición ha afectado la forma en que hombres y mujeres se relacionan entre sí. El tema común que parece surgir de todos los estudios e investigaciones es que los hombres serán hombres y las mujeres serán mujeres por más culturas que pasen.

Parece que no importa cuánto evolucione la sociedad, algunas cosas siguen siendo las mismas. Hay coherencia en la forma en que los hombres ven las situaciones y las afrontan y en la forma en que las mujeres las consideran y actúan en consecuencia. Las necesidades específicas de género tanto de hombres como de mujeres han cambiado poco desde la época de nuestros antepasados y la mayoría de los problemas surgen cuando esas necesidades se descuidan.

Pensamientos controvertidos que pueden parecer, pero importantes en los que pensar.

Es posible que a usted y a su pareja les guste reflexionar sobre este pensamiento en sus diarios. Saber cómo identificar y satisfacer sus propias necesidades personales es el primer paso para sanar una relación rota.

Conozca las diferencias

Los hombres y las mujeres comprenden la emoción, la comunicación, la sexualidad, la fidelidad, el trabajo y los ingresos por la forma en que fueron socializados y porque han sido influenciados por la experiencia perceptiva de sus propios padres. Traen estas ideas al matrimonio y, por lo tanto, tienen su propio bagaje de nociones sobre lo que es pasable e intolerable en una unión, lo que tienen que proporcionar a su cónyuge y lo que pueden anticipar a cambio.

Hay una lucha constante por el poder entre los dos géneros humanos en este planeta. Esto no es diferente de una competencia, en la que cada género quiere convencer al otro de que es mejor que el otro.

Definitivamente es una situación muy lamentable. Si, en lugar de todas estas discordias, los dos géneros vivieran juntos en armonía, el mundo se convertiría en un lugar más armonioso.

Las diferencias

Puede ver que estas son las diferentes formas en que los hombres y las mujeres eligen una pareja:

Las mujeres atacan el amor como consumidoras informadas ... patean los neumáticos, miran debajo del capó, encienden el motor, comprueban el kilometraje. Las mujeres disfrutan del amor, aunque tienen una mentalidad práctica, no lo suficiente como para ignorar los posibles defectos. La belleza y el amor romántico interesan a una mujer, pero al pensar en posibles pretendientes, una mujer también ve lo práctico, como la perspectiva económica de un candidato, la estabilidad emocional, la confiabilidad y la clase de padre que será.

A pesar de la reputación de ser prácticos, los varones resultan románticos desesperados. Son mucho más propensos a enamorarse a primera vista y también más propensos a idealizar al objetivo de su cariño.

Si la carrocería es excelente y la parrilla bonita, con frecuencia un hombre comprará sin hacer preguntas. En cuanto al sexo, una mujer tiende a sentirse enamorada antes de entregarse a la intimidad, mientras el hombre siente que si tiene sexo es que la otra persona le está demostrando amor.

Se requiere práctica para aprender que las diferencias de género no representan amenazas para un matrimonio, simplemente un motivo de celebración y una oportunidad para ampliar el área de experiencia de una persona.

Intente recordar que su pareja no es su reflejo. En una relación amorosa y buena, el individualismo y la separación son conceptos saludables en los que cada cónyuge debe trabajar.

No preocuparse por las pequeñas cosas, es probable que sea un consejo que no siempre funcione para el matrimonio, ya que es crucial observar las pequeñas cosas para que el matrimonio prospere. La mayor parte del verdadero trabajo en las relaciones se produce en momentos más silenciosos, en espacios más pequeños. Las ilustraciones serían:

•	Posponer la apertura de la puerta del garaje defectuosa mientras su esposo se apresura a cumplir una fecha límite y tiene que centrarse en su proyecto durante un par de horas.

•	Ayudar a los niños y mantenerlos alejados de la cocina mientras su esposa prepara la cena.

•	Ofreciéndose a recoger las camisas de su esposo en la tintorería, ya que se olvidó de hacerlo ayer.

•	Llenar el tanque del automóvil si sabe que su esposo tiene que salir de la ciudad para visitar a un cliente.

•	llevar a tu esposa a bailar como siempre le ha gustado, incluso si tienes los 2 pies izquierdos.

Una espina en un matrimonio son los ingresos. Es probable que las personas casadas tengan sus propias formas de gastar y ahorrar ingresos. Si tanto el esposo como la esposa ganan el mismo salario, acuerde cómo dividir los gastos de la casa antes de casarse para que nadie se sienta traicionado o privado económicamente.

Si bien estaba bien esperar que él pagara la cena y la película mientras ustedes salían de novios, el matrimonio requiere una verdadera asociación económica. O, si comprende que su esposo tiene una aversión a las compras inútiles, intente reducir sus viajes de compras y céntrese en las necesidades en lugar de sus impulsos.

No olvide hablar sobre sus preferencias de inversión e intente ceñirse a un presupuesto y un plan de ahorro.

Esfuércese por mantener a su pareja animada intelectualmente. Si hay algo que muele, es una esposa que siempre discute lo que está en oferta y un esposo que sabe qué equipos llegaron a los playoffs este año. Retrospectiva a los días de noviazgo cuando ambos podían hablar hasta altas horas de la madrugada mientras estaban intrigados con lo que cada había realizado ese día, o le contaba sobre ese libro o película que había disfrutado.

Enriqueceos unos a otros con vuestras vidas y experiencias indirectas. Hágale saber al otro que tiene una búsqueda en la vida y lo que tiene que proporcionarle, y haga todo lo posible para no ser un cónyuge aburrido leyendo más, probando más y viviendo más.

Muchas personas afirman que los jóvenes ponen un freno al sindicato. ¿Quién tiene tiempo para la pasión y el amor cuando los niños gritan a pleno pulmón o tienen una fiebre de ciento cinco grados? ¿O cuando hay que buscar ingresos para pagar el arreglo de los dientes?

Criar a los niños puede convertirnos en organismos impacientes y estresados, por lo que, si contratar a una niñera durante la noche no interrumpirá el presupuesto mensual, hágalo y desaparezcan a disfrutar, solo ustedes dos. ¡Pero no utilice ese tiempo lejos de los niños para hablar sobre los hábitos de los demás o para mencionar incidentes pasados! En lugar de ver el matrimonio bendecido con puntos elevados o plagado de puntos aplastados, considérelo como una serie de hitos.

Los hitos deben verse como oportunidades para fortalecer y hacer más satisfactorio un sindicato. Estos hitos se vuelven claros en la mediana edad, donde las parejas han formulado un mayor sentido de los límites de tiempo y una urgencia en su deseo de aprovechar al máximo su unión y sus vidas.

Los años de la mediana edad son un tiempo innato para la contemplación: las parejas ahora tienen el beneficio de poder ver dónde han estado, dónde están y hacia dónde desean ir.

Brinde crédito cuando es debido, sea generoso con respeto y sea sincero en sus elogios. ¿De vez en cuando desea que su pareja lo felicite? Muchas parejas descubren que a medida que se establecen en su unión, el respeto o los elogios amables no son tan frecuentes como cuando salían. Dar crédito a lo que es debido y ser sincero acerca de sus elogios contribuye en gran medida a reforzar la salud en el matrimonio.

Si descubre que su esposa trabaja religiosamente en la caminadora para evitar el peso, ¿alguna vez pensó que probablemente lo haría para complacerlo? Decir algo como: "Eres tan disciplinado en tus intentos de lograr tus objetivos, estoy orgulloso de ti" le sumará a ella seguridad en sí misma y reforzará su posición de que está haciendo algo para su cuerpo que usted valora.

Si su esposo es excelente para hacer números, felicítelo por sus logros en el cálculo rápido. "Eres asombroso con los números" le dará una sensación de orgullo y se sentirá importante para usted. Sin duda, muchas autoridades y consejeros matrimoniales tendrán opiniones diferentes sobre cómo salvar un matrimonio, pero todos están de acuerdo en los siguientes componentes fundamentales de un matrimonio sólido: solo las palabras y la forma en que se transmiten son diferentes.

¡Somos dignos de ser diferentes!

Se ha comparado a hombres y mujeres como residentes de dos planetas diferentes en una popular serie de libros actualmente en el mercado. La hipótesis del autor es que, a pesar del pensamiento popular y moderno, los hombres y las mujeres son realmente distintos. De hecho, sí tienen predisposición a pensar y actuar de forma diferente según seamos hombres o mujeres.

¡Esto se debe a que los hombres y las mujeres realmente están hechos de manera diferente! Algunos de los argumentos que ocurren dentro de una relación son el resultado de que ninguno de los miembros de la pareja comprendió este hecho. Sin ser demasiado técnico, los resultados prácticos de estas diferencias significan que hombres y mujeres responden de manera diferente a la misma situación.

Esto no se debe a que alguno de los miembros sea indiferente, olvidadizo o de alguna manera no responda a las necesidades de su pareja, simplemente significa que en muchos casos son incapaces de ser diferentes, simplemente porque esta es una situación específica de género y no una personal.

Dónde comienza la lucha por el poder y cómo ponerle fin

Es importante comprender que un hombre siempre querrá resolver un problema en lugar de hablar sobre él y que una mujer siempre querrá hablar para resolverlo. Las mujeres a menudo se quejan de que los hombres no quieren escucharlas hablar sobre sus problemas, mientras que sus parejas silenciosas a menudo desean que las mujeres dejen de hablar sobre el problema para poder resolverlo.

El diseño del cerebro masculino está especializado para enfocarse en un trabajo a la vez y hacerlo bien. El sistema nervioso de su cerebro está "conectado" para que pueda ver un dilema, averiguar cómo solucionarlo y luego solucionarlo. Su cerebro proporciona al hombre la capacidad de pensar analíticamente, trabajar bien con los números y, en general, completar tareas complejas.

Las mujeres, por otro lado, tienen un cerebro que está "conectado" para realizar múltiples tareas. Las mujeres tienden a poder lavar la ropa, cocinar la cena y cuidar a los niños al mismo tiempo.

Cuando una mujer le pide a su marido que haga algo mientras la mente de él está ocupada con un enfoque en otra parte, él se inclina a olvidarse de su petición, pero esto es completamente involuntario de su parte. Realmente lo olvidó, no porque no la ama. Por otra parte, el hombre puede quedarse un tiempo largo sentado en soledad con la mente en blanco. Ellas no lo entienden, porque sostienen que en "algo debe estar pensando". Pero esa capacidad de quedarse en transe es del hombre, que seguramente la ha heredado de sus antepasados que debían quedarse solos en la pradera durante días cuidando a sus animales que pastaban.

Comprender que existen importantes diferencias fisiológicas (y hormonales) que impulsan el comportamiento de hombres y mujeres es un paso importante para comprender que el hecho de que nuestra pareja no cumpla con nuestras expectativas a menudo es involuntario. Una vez que podamos aceptar eso, podremos ver las acciones de nuestros socios desde otra perspectiva.

Para sus diarios

Discuta un malentendido reciente que usted y su pareja tuvieron. Escriba sobre las diferencias entre hombres y mujeres y piense en cómo las acciones de su pareja en esa situación que lo molestó pueden haber sido típicas de las diferencias entre los géneros en lugar de algo personal que están "haciendo mal".

Cuide su lengua

Cosas que no debe decir en absoluto si realmente deseas cambiar la opinión de su pareja.

Si desea cambiar la opinión de su cónyuge o pareja con respecto a algo, no tiene que decir "Pero te amo ...". Puedo decírtelo, afirmar eso y enfatizar cuánto lo amas no hará que cambie su mente.

Cuando dices "Pero te amo ...", en realidad le estás diciendo a su pareja que desea que haga algo a tu estilo, no el de él.

¡Recuerde que "los seres humanos tienden a amarse a sí mismos en un grado más alto que cualquier otra cosa!" Cuando dices "Te amo ...", en realidad te estás amando más a ti mismo. Desea que su cónyuge haga cosas que satisfagan tu ego, por lo que desea que su cónyuge haga las cosas a tu manera. ¡Y tu cónyuge lo reconoce! Él/ella no va a cambiar de opinión simplemente porque le digas "te amo ..."

Si desea que su cónyuge haga cosas particulares a tu manera, no debe decirle "Pero he hecho esto y esto por ti ..."

Evite revolver el pasado sobre lo que ha hecho por él o ella. El pasado ya falleció. Hacer hincapié en lo mucho que ha hecho por su cónyuge solo le dirá que tiene que hacer las cosas a tu manera porque ese es el precio que tiene que pagar por todo lo que usted le ha ayudado a hacer en el pasado.

Cuanto más diga esto, más deseará tu pareja alejarse de ti o dejarte. Él o ella estarán demasiado asustados para estar con usted, ya que saben que sus movimientos están restringido por la cantidad que le tienen que reembolsar.

Por lo tanto, a cualquier costo, ¡evite darles la sensación de que tienen que pagar un precio por el simple hecho de estar con usted! ¡A nadie en esta Tierra le gusta ser comandado o restringido por otro individuo!

Evite decir cosas como "Pero es su deber ..."

A su pareja no le gustará estar atado por deberes u obligaciones. No obstante, cuando se trata de una relación, puede haber reglas. El amor hacia los hijos es incondicional, pero hacia la pareja siempre es condicional, porque ante las fallas se puede dar una separación.

Él o ella no deseará estar con alguien que desee imponerles reglas y ordenanzas. Por lo tanto, es su trabajo y obligación asegurarse de que no le dé a su cónyuge ninguna excusa para dejarlo por otra persona.

Entonces, ¿qué debe decir exactamente si desea alterar la mente de su cónyuge para que logre las cosas a tu manera, o las vea a tu manera?

En primer lugar, enfatice los puntos fuertes si ven las cosas a tu manera. Permítales reconocer las ventajas y los beneficios de ejecutar y ver las cosas del modo como usted se las explica. Bríndeles detalles claros.

En segundo lugar, recuerde que a su pareja no le preocupa lo que quieren los demás. Él o ella no se preocupa por lo que deseas. Está más interesado en lo que quiere y en lo que puede recibir. Muchas veces, no están en contra de tus pensamientos, o lo que sea que necesites, pero realmente están en contra de que dejes de lado su libertad de elección.

Entonces, bríndeles lo que desean. Bríndeles libertad de elección. Hágales saber que tienen la libertad de elegir en lo que desean o no quieren creer. Y hágales saber que tienen la libertad de decidir lo que desean hacer y lo que no desean hacer.

Las palabras mágicas que puedes decirles son "¡Sí! Comprendo lo que estás diciendo. ¿Por qué no lo pruebas / lo haces ...?

"Sí" es la palabra mágica que le une a usted y a su pareja de inmediato.

 "Comprendo..." demuestra que está con su pareja, los estás escuchando y honras su decisión.

"¿Por qué no lo intentas / lo haces...?" Le estás diciendo que respaldas su decisión o elección, aunque no estés a favor de ella.

Si tiene un competidor, recuerde siempre que la persona que puede darle a su pareja más libertad de elección probablemente sea con quien su pareja desee estar más.

Si tiene en cuenta todos los preceptos anteriores, es probable que tenga más éxito en alterar la mente de sus compañeros y hacer que logren las cosas a tu manera.

Prosperando

Los amigos son para siempre. Incluso si nos mudamos fuera de la ciudad o adoptamos residencia en el extranjero, mantenemos nuestras amistades. Seguramente no nos divorciamos de nuestros amigos solo por una mala interpretación, por lo que, si nos dirigimos a nuestro cónyuge como un amigo querido, es probable que nunca necesitemos un abogado de divorcio y llevemos a cabo el terrible ejercicio de la separación.

Hay una sólida evidencia biológica en lo que decimos: la diferencia entre hombre y mujer no es solo una cuestión de conjeturas; hay una verdadera razón hormonal para ello. Mientras que los hombres son impulsados por la robusta hormona testosterona, una hormona que crea una especie de ventaja agresiva, las mujeres se rigen por la hormona oxitocina, más suave, que las obliga a dar y recibir amor y cuidado.

Entonces, no es solo una diferencia superficial la que tienen los dos sexos en este planeta. Hay mucho más. La diferencia corre en el fondo; se trata de la composición hormonal de los dos sexos. Eso es lo que nos hace diferentes.

Si queremos sobrevivir en este planeta, difícilmente seremos capaces de hacerlo viviendo aislados y pensando en nuestros propios intereses egoístas.

Cambiar

Cuando dos personas en una relación están bajo estrés, las pequeñas cosas a menudo se convierten en problemas importantes. Las situaciones que en un momento tal vez se hubieran pasado por alto ahora se agregan a la lista de cosas que el socio está haciendo mal. Una vez que una relación llega a este punto, es muy difícil para uno o ambos ver las cosas buenas que su pareja puede ofrecerles a ellos y a la relación.

La testosterona siembra el deseo en los hombres de proteger y mantener a sus esposas. La oxitocina produce una fuerte necesidad en las mujeres de nutrir y cuidar a los demás.

Los niveles adecuados de ambas hormonas son esenciales para producir una sensación de bienestar y alegría. Cuando ambos miembros de la pareja tienen niveles hormonales elevados, afrontan la vida y sus relaciones de forma positiva. Cuando los niveles hormonales disminuyen, aumentan los niveles de estrés, lo que genera un mayor riesgo de conflicto dentro de la relación.

Cuando las parejas tenían roles definidos, era fácil para ellos vivir sus vidas con estas hormonas operando naturalmente. El hombre iría a trabajar y ganaría suficiente dinero para mantener a su familia con un estilo de vida adecuado. La mujer se quedaría en casa y cuidaría de los suyos. Cuando las parejas están en una buena relación y comprenden y responden a las necesidades físicas, emocionales y sociales, estas hormonas se producen en cantidades crecientes.

La sociedad y las circunstancias han cambiado la forma en que hacemos las cosas. A menudo, el hombre ya no es el único proveedor y su esposa puede tener un trabajo y, sin embargo, todavía siente la necesidad de nutrir y cuidar a su familia. Ambas situaciones crean tensión. El hombre ya no siente que su esposa tiene la misma necesidad de su provisión, algo que lo impulsaría a tener éxito en el pasado. La mujer se siente frustrada porque a menudo tiene que volver al hogar y hacer gran parte del trabajo de la casa porque su marido parece preferir sentarse a leer el periódico o mirar la televisión.

La testosterona y la oxitocina se producen de manera diferentes en cada pareja y una vez que ellas comprendan esto, ayudarán a cambiar la forma en que ven el escenario. En este ámbito, cada miembro de la pareja está haciendo instintivamente lo que es necesario para restaurar sus niveles hormonales. Al final del día, ambos han regresado a casa con niveles hormonales reducidos. Para elevarlos, la mujer necesita nutrirse y cuidar, y dar y recibir amor para estimular la producción de oxitocina. La relajación es su forma de aumentar sus niveles hormonales.

Dedique algún tiempo a reflexionar sobre todas las cualidades positivas de su pareja. Escríbalos en su diario y tómese un tiempo todos los días para leerlos y reflejar cuánto aporta su pareja a su vida.

Lea más sobre la forma en que nuestras hormonas influyen en nuestras acciones y reflexione sobre esto en su diario.

Dado que el amor es menos duradero que la amistad, se debe hacer todo lo posible para que nuestra pareja no solo sea un amante y una pareja, sino también un amigo. La amistad es una manifestación observable de madurez. El matrimonio es un deber más grande que la vida y puede ser una fuente de molestias o de gran alegría. Solo si convertimos esas molestias y alegrías en bloques de construcción para una amistad duradera, podremos decir que hemos tomado el camino firme hacia una unión hecha en el cielo.

Si existe una verdadera amistad entre esposo y esposa, el matrimonio evita terminar en las rocas. Más bien se convierte en un matrimonio duro como una piedra donde ninguna persona o condición puede separarlo.

La amistad en una pareja significa que la unión será significativa con recuerdos de risa e ingenio. De igual modo siempre elegimos a los amigos que más nos hicieron reír. La amistad también significa una comunicación abierta y honesta; un tipo de acoplamiento sin restricciones donde nuestro nivel de comodidad con nuestra pareja va más allá del cien por ciento, garantizando que lo que decimos y cómo lo decimos no será etiquetado o tomado con una luz dañina.

La amistad entre parejas devuelve sentimientos saludables de buena voluntad y fidelidad. Nuestro cónyuge, nuestro amigo, tiene nuestras preocupaciones en el fondo, no nos engañará y será nuestro más firme partidario.

La amistad también fortalece a los cónyuges; esta durabilidad se ve reforzada por el placer de la historia compartida, de la nostalgia y los diseños para el futuro.

El romance es una gran cosa, y podemos utilizar mucho cuando nuestras relaciones se ponen difíciles. Pero los amigos maduros saben que el romance puede ser un obstáculo para la amistad. ¿Cómo? A medida que el romance borra el lado más oscuro de nuestro ser: nuestras preocupaciones, ansiedades e inseguridades. Sin embargo, son esos miedos, ansiedades e inseguridades los que, por naturaleza, nos atraen hacia nuestro amigo.

La familiaridad no genera desprecio, genera contenido. Un sentido de contentamiento se corresponde con satisfacción, calidez y seguridad firme. Participar en una vida juntos en el amor y la amistad lo convierte en un libro que es más profundo y denso en historias compartidas, en contenido.

Si le preguntaras a un soltero contento y a un hombre jubilosamente casado por sus historias, obtendría una narración favorable de ambos. Sin embargo, la posición del individuo único sería yo, yo y yo, y tal vez una serie de citas a ciegas y sábados por la noche solos. El marido hablará de "nosotros", de intereses mutuos, una historia decididamente enriquecida, ya que hay dos historias, no una.

Por mucho que suene terriblemente pasado de moda, el matrimonio es un compromiso, y la gente tiene que hacer todo lo posible por no degradar ese compromiso de ninguna manera. Permanecer casado es una empresa misionera que dura toda la vida. Requiere agallas. Requiere nervios de acero para hacer que un sindicato funcione. Un sentido del humor y un grado más humilde de egoísmo pueden sostenernos en ese trabajo.

Las obstrucciones serán muchas, y habrá puntos en los que cuestionaremos nuestra cordura, sin saber si realmente podremos aguantar allí.

Será un esfuerzo enorme permanecer atraído por las mismas cualidades que lo acercaron a su cónyuge el primer día que se juntaron. Tu cónyuge sigue siendo la misma persona de la que te enamoraste, no ha alterado su alma, su ser, solo su armario.

Entonces, si solo hay una forma de divorciarse, pero mil formas de salvar su unión, ¿qué ruta elegiría? ¿Va a renunciar o aceptar un obstáculo más?

Capítulo 3
Cómo terminar una relación

Terminar una relación puede ser un proceso muy doloroso y difícil, especialmente si la relación fue a largo plazo. Es importante para nosotros ser felices con nuestras vidas y si tu pareja no te hace feliz, puede que sea el momento de seguir adelante. A continuación, se presentan algunos consejos sobre cómo terminar una relación de la manera correcta.

Seguir adelante sin ti

¿Quieres terminar tu relación con un amante o cónyuge? Si es así, necesita conocer la etiqueta para terminar una relación. Lo crea o no, existen algunas reglas para terminar una relación.

Si llevas mucho tiempo con su novia o novio, es importante que se tome las cosas con calma. No puede simplemente enviarle un anuncio por mensaje de texto diciendo que se acabó. De hecho, esta es la peor forma de terminar una relación, especialmente si ha estado con ellos durante 2 a 5 años. Por lo general, si ha estado con alguien durante tanto tiempo, probablemente tenga muchos sentimientos por usted. Recuerde que el tiempo crea recuerdos preciosos de la otra persona y, si él está listo para seguir adelante, es posible que usted no sienta lo mismo.

Ésta es exactamente la razón por la que debe decírselo lentamente. Es posible que no se den cuenta de que hay un problema en la relación. Después de una ruptura, algunas personas sentirán emociones extremas como ansiedad, depresión e incluso ira. Siempre tome los sentimientos de los demás en serio y no juegue con ellos. La ruptura siempre debe hacerse en persona y, si desea evitar cualquier drama, asegúrese de que se haga en un área concurrida. No sabe si su pareja gritará o llorará. Si tiene un vínculo fuerte contigo, no podrá evitar romper su corazón. La gente puede ser muy sensible. Sin relaciones, no podremos reproducirnos ni continuar con nuestras vidas. Eso no quiere decir que no haya gente felizmente soltera por ahí.

Ahora, antes de la ruptura, debe averiguar por qué quiere romper. Ya debería saber la respuesta a estas alturas. Es posible que no desee seguir adelante porque su pareja la ha tratado mal o simplemente se ha enamorado de otra persona. Otro ejemplo es lo que ocurre con las personas que se casan a una edad temprana. En este caso, no han probado las aguas para descubrir su verdadera alma gemela. No se prive de la felicidad reprimiéndose. Romper con alguien con quien has estado puede ser una situación dolorosa, pero durante los próximos meses, poco a poco comenzará a olvidarse de esa persona.

Para algunos puede llevar años seguir adelante. Esto se debe a que en la escena de las citas la gente compara constantemente a los demás con su ex. Esto es lo peor que podría hacer en su vida. En cambio, concéntrese en los rasgos positivos de esa persona. También debe estar atento a las señales de advertencia. Seguir adelante demasiado pronto es muy poco saludable y no podrá disfrutar de su nueva relación si está pensando en su ex.

Cómo terminar una relación

Para terminar una relación, primero debe pensar qué decirle a su otra mitad. Se lo merecen al menos. Escriba sus sentimientos y por qué quiere seguir adelante sin él. Dígale que lo extrañará y póngalo en forma cariñosa cuando hable. La peor forma de romper es gritando o discutiendo. Sin embargo, recuerde que aún necesita ser firme. De lo contrario, es posible que le pisoteen y no acepten la ruptura. Si su pareja la está manipulando, puede empeorar las cosas y tendrá que aprender a defender su posición.

Consejos útiles

Hable despacio y con calma cuando expliques las razones de la ruptura. Quieres asegurarte de que tu pareja entienda todo.

Mire a su compañero a los ojos mientras habla y sea firme para hacerle saber que habla en serio.

Reúnase con ellos en persona en el centro comercial, restaurante o cafetería. Esto hará que la situación sea segura en caso de que decidan tener un arrebato.

Hazles saber cuánto se preocupas por él, y que seguir adelante en soledad también te perjudicará a ti. Mostrar sus sentimientos es una excelente manera de que no se conviertan en una discusión.

Dígales lo que le gustó de la relación y luego pase a los problemas de la convivencia. Al hacer esto, no solo resaltará sus malos hábitos, sino también lo bueno que ve en él.

Hable con él sobre ser amigos o no tener ningún contacto. Necesitas llegar a un acuerdo. A esto se le llama establecer límites entre sí, sin que nadie interfiera en sus vidas.

Discuta los detalles cuando se trata de estar cerca de amigos y familiares.

Si intenta iniciar una discusión, mantén la calma. Aun así, si las cosas se intensifican, hágales saber que tienes que irte. Dígales que no desea pelear ni provocar una escena. Con suerte, lo entenderán y se calmarán antes de que usted se vaya.

Estas son algunas de las técnicas más útiles para usar cuando se separa. Dado que estará en un área con mucha gente alrededor, existe una pequeña posibilidad de que todo estalle en su cara o que se convierta en una discusión. Sin embargo, nunca traiga a un amigo o familiar porque esto será extremadamente vergonzoso para la otra persona con la que está rompiendo.

Todos sabemos que, en algunas relaciones, las personas tienden a ser persuasivas, manipuladoras y prometedoras compulsivas. Si estás con alguien así, romper no será fácil.

No se deje engañar: Lo más probable es que se acerquen a usted y le digan que todo volverá a ser como antes. Incluso puede parecer que son sinceros y que sus malos hábitos se desvanecen. Recuerde que todo esto es un acto y la mayoría de las personas no cambiarán por voluntad de otros.

Algunas rupturas son tan devastadoras para la otra persona que sienten que no pueden continuar con la vida. Sus emociones comienzan a aflorar y son un desastre. Sin ti en su vida, se sienten perdidos. Con un ex como este, debes tomarte el asunto en serio. Si él menciona el suicidio, tómalo siempre en serio. Continúa charlando con ellos en mensajes de texto mientras llamas a la policía. Estas personas son extremadamente frágiles cuando se trata de relaciones. Si está fingiendo, su ex aprenderá rápidamente las consecuencias al no volver a hacerlo. Una vez que se llama a la policía, escoltarán a su ex a la sala psiquiátrica más cercana, que también se utiliza para prevenir el suicidio. Te alegrará saber que tu ex está a salvo. En este tipo de lugares, llevarán al individuo a una habitación con solo una cama. No hay objetos duros en la habitación que puedan usarse para sus misiones suicidas. Las cámaras también están en la habitación, con una persona en vivo monitoreándolas las 24 horas del día, los 7 días de la semana. Pueden mantener a la persona allí durante 24 horas o una semana. Hay sesiones de asesoramiento disponibles si su ex necesita hablar con alguien.

Si tiene un ex que es manipulador, tenga cuidado con sus formas. Tienen mucha ira acumulada que no liberarán, pero la mostrarán en sus acciones. El chantaje lo utilizan para asustar a un ex que quiere abandonarlos y seguir con su vida. La mayoría de las veces, no podrá seguir adelante ya que has acumulado un miedo en tu interior. Te preocupas constantemente por lo que tu ex pueda decir o hacer con tus amigos para recuperarte. Si se encuentra en esta situación, deberá correr el riesgo. Si planean hacer algo ilegal cuando se trata de chantaje, asegúrese de notificar a las autoridades. Este tipo de personas son despiadadas en el mejor de los casos y lo que se puede hacer es evitarlas por completo. Esto significa cambiar tu número de teléfono, cambiar de lugar de trabajo e incluso trasladarse a otra escuela. Obviamente, no podrán chantajearle si no hay contacto.

Tenga en cuenta los siguientes conceptos:

Agresividad: Al detectar señales de advertencia de agresividad en un hombre, evite entrar en una relación abusiva. Los hombres agresivos tienden a agarrarte del brazo, obligarte a hacer cosas que no quieres e incluso empujarte a actuar con algo con lo que no quieres tener nada que ver. Crees que esto es solo parte de su personalidad, pero en realidad no lo es.

Chantaje: La mayoría de las veces, el chantaje puede provocar una baja autoestima. Tal vez cuando usted y su ex tenían intimidad, ella tomó algunas fotos reveladoras de ti en ropa interior. Ella dice que, si la dejas, se las enviará a todas las chicas que conozcas. Por el contrario, alguien que realmente te amaba se preocuparía por tus emociones, incluso si no puede estar contigo.

Baja autoestima: Estar en una relación que es física o mentalmente abusiva puede cavar un agujero en tu corazón, causando una baja autoestima. En lugar de ser la persona alegre y juguetona que eras antes, pareces caminar con los hombros caídos. No disfrutas de las cosas que solías hacer y esta baja autoestima eventualmente te conducirá a la depresión.

Manipulación: ¿Sabías que la manipulación es la razón número uno por la que hombres y mujeres permanecen juntos? Por ejemplo, si le dices a tu dama que quieres dejarla debido a sus malos hábitos, ella te manipulará simplemente haciéndote sentir culpable. La cara de cachorro triste se enciende y las lágrimas comienzan a rodar por sus mejillas. Ella dice que morirá sin ti y tienes miedo de que haga algo tonto como suicidarse. En su lugar, busque ayuda para ella de inmediato y aléjese lentamente. Tómese tiempo para distanciarte de ella.

Abuso mental: Ser abusado mentalmente no es nada divertido. El abuso mental a menudo comienza con insultos, burlas e incluso humillación frente a otros. Digamos que a tu novio le gusta ponerte apodos delante de sus amigos. Quiere parecer varonil y tener el control. En realidad, este no es un chico que respeta tus sentimientos y el abuso mental empeorará. ¡Sal mientras puedas!

Abuso físico: Tanto hombres como mujeres pueden abusarse físicamente entre sí. No es solo de hombres. De hecho, hay muchas mujeres que golpean a sus maridos por ira. El abuso físico es serio y si estás siendo abusado, aléjate. Si tienes moretones por el abuso, es importante que te comuniques con la policía local. No dejes tratarte así. Hay muchos hombres y mujeres buenos que te darán la dignidad y el respeto que te mereces.

Estrategias para terminar una relación sin estrés

El proceso de ruptura no es fácil en estos días a menos que se ciña a una llamada telefónica o a un mensaje de texto. En cambio, lo que debe hacer es lidiar con todo en persona. Nunca use un amigo de intermediario para que lo notifique de su decisión, y definitivamente no lo haga con un frio mensaje de texto. Estas son algunas de las peores rupturas que hemos visto. Asegúrese de programar una cita para ver a su novio o novia, pero no le de ninguna idea de que estás rompiendo con ellos, de lo contrario, es posible que no quieran reunirse contigo.

Nunca le digas a tus amigos que romperás hasta que se lo digas a tu pareja primero. Cuando termines, no lo hagas frente a otras personas que conoces.

Por consiguiente, no anuncias tu rompimiento en tus redes sociales antes que lo sepa él.

Estas son definitivamente las peores formas de romper y si quieres mantener una amistad entre los dos, es una buena idea ser respetuoso con esa persona. Esto le dará la oportunidad de seguir teniendo una amistad saludable con ellos y mantenerse alejado de incidentes que podrían resultar en estrés. Seamos realistas: romper es incómodo en el mejor de los casos. Los sentimientos que alguien nunca ha tenido a menudo pueden surgir y es fácil explotar cuando descubres que la chica o el hombre de tus sueños te está abandonando. A menudo se sentirá abandonado, triste y perdido.

También tenga en cuenta que algunas personas no pueden seguir siendo amigas después de la ruptura. Si dejas a tu novia y ella no quiere ser una simple amistad, debes aceptar esto. La realidad de que ella no esté contigo puede ser demasiado dolorosa para que la maneje. Con el tiempo, existe la posibilidad de que mejore. A medida que pasa más tiempo con amigos, comienza a disfrutar de la vida sin ti, hay muchas posibilidades de que puedas volver a contactarla en otro rol. Ahora, nos referimos a volver como amigo y no como novio o esposo.

¿Qué pasa si tu ex novio de hace 6 meses te contacta en Facebook? Por favor, no asuma que quiere volver a estar juntos. En cambio, debes saber que él todavía se preocupa por ti y solo quiere saber cómo te está yendo. No sabes si está saliendo con alguien, está viviendo en otro país o tiene una vida ocupada ahora. Los cambios se pueden hacer rápidamente, pero a veces las personas simplemente se quedan donde están. Asegúrese de tener la mente abierta y no se limite a sacar conclusiones.

Opciones para transiciones, asesoramiento y orientación

Todos los días, cientos de personas se separan por razones equivocadas. Por ejemplo, puedes estar con un chico maravilloso que se preocupa profundamente por ti, pero no lo demuestra hablando. Ha notado que él es así con todos, incluso con los miembros de la familia. Aunque ustedes han estado juntos durante 4 meses, todavía no habla mucho. Sin embargo, este chico se está preparando para un propósito contigo porque está locamente enamorado de ti. Amar a alguien por lo que es se llama amor incondicional. Si tiene un corazón amable y siempre te trata bien, deberías pensarlo dos veces antes de romper. A continuación, se muestran algunos ejemplos de transiciones dentro de las relaciones, la orientación y el asesoramiento.

Arreglar las cosas

Antes de repasar algunos de los eventos que podrían ocurrir, hablemos sobre la importancia de la consejería. Al ver a un terapeuta de relaciones cada semana, podrá expresar su frustración o decepción sin discutir. Esta es una forma segura de lidiar con todo de una manera civilizada. El consejero está ahí para registrar su progreso y también asegurarse de que no se produzca una gran discusión, que es lo que sucede muchas veces con las parejas. La mayoría de las veces, un hombre o una mujer no estallan porque tienen miedo de lo que pensará la otra persona, en este caso, el terapeuta.

¿Qué hay de romper para perseguir a otra persona? Esta es la peor idea, aunque mucha gente lo hace. Tu pareja es una madre estresada que se queda en casa y que prácticamente hace todo cuando se trata del hogar. Ella es increíblemente dulce y extrovertida, pero cuando llegas a casa, se convierte en otra persona. Ella te está gritando y diciéndote que debes contribuir más. Es su forma de decir "Por favor, necesito ayuda con los niños". Está estresada porque hoy no pudo hacer algunas cosas por sí misma. Ahora, has estado hablando con su amiga con la que solía trabajar. Su amiga es increíblemente hermosa e inteligente. Siempre has querido ver dónde podrían desarrollarse las cosas, por lo que estás pensando en terminar la relación con tu pareja. ¿Se te ha ocurrido que cuando tu pareja empezó a cuidar a los niños desde casa es cuando empezó a estresarse? La misma situación podría suceder con la nueva chica que te gusta, especialmente si llegara a ocurrir una relación seria.

Soluciones de relación probadas

A pesar de que fue usted quien inició la ruptura, seguir adelante puede ser increíblemente difícil. Además, es normal que se arrepienta de la ruptura y es posible que tenga que dejar de enviar mensajes de texto o llamar a su ex. Digamos que rompiste por sus malos hábitos. Tu novio siempre llega tarde, fuma todo el tiempo y maldice a tu familia. Intentaste cambiar sus hábitos porque pensaste que él podía cambiar. La triste realidad es que nunca lo hará.

Sin embargo, todas esas cosas no pueden compensar la forma en que trata a tu familia. Es por eso que debes ponerle fin y seguir adelante. Si no lo haces, tu familia puede comenzar a ignorarlo y alejarse lentamente de tu vida.

A continuación, se enumeran algunas soluciones de relación probadas que recomendamos antes de continuar. Asegúrese de hacer todo con cuidado, ya que este podría ser su boleto para salvar la relación:

Hablar

Antes de continuar, debe tener "la charla". Hágale saber en qué dirección se dirige y definitivamente verá cuán serio es esto para usted. Hablar le permite dejar salir sus frustraciones y desilusiones en una relación. dígales qué hábitos no aprueba y pregúnteles cómo pueden cambiar por usted.

Promesas

Si ustedes dos se dan cuenta de que están en una relación que no es saludable, ¿por qué no hacer promesas el uno al otro? Por ejemplo, si tu novio te falta el respeto y te insulta con enojo, haz que te prometa que no volverá a hacerlo. Te pedirá que dejes de burlarte de él delante de sus amigos y esta será tu promesa. Tener una regla o límites entre sí es de gran ayuda.

Amor

¿Sientes que te estás desenamorando de la persona con la que estás? Si es así, es posible que desee intentar reavivar la magia y ver qué puede hacer para que sea como era antes cuando se conocieron. ¿Por qué no traer viejos recuerdos e ir a un restaurante que solían visitar los dos? Hazlo especial. Enciende velas o trae flores si quieres. ¡Esto definitivamente hará que las chispas vuelvan a volar!

Mudarse no es algo que puedas hacer en unos pocos días. Se necesitan meses o incluso años para superar a una persona importante a la que amas, incluso si la ruptura fue idea tuya. Estar atrapado en una relación en la que no eres feliz solo hará que quieras escapar. Además, has intentado ir a consejería con tu cónyuge o incluso a la iglesia con él. No importa lo que hiciste, nada marcó la diferencia. Es por eso que debes dejarlo. Si probaste todo y no hay más opciones, es un callejón sin salida. Recuerda que no es el fin del mundo. Lo más probable es que conozcas a alguien nuevo.

Para seguir adelante, deberás esforzarte en realizar nuevas actividades. Sal más con tus amigas. Una noche de chicas es siempre una gran manera de animarte, especialmente si no puedes dejar de pensar en tu ex.

¿Por qué no dedicar algunas horas extras al trabajo? Puedes ganar algo de dinero extra y dejar de pensar en tu ex. Sin embargo, si trabaja en el mismo lugar que usted, probablemente deba buscar otras oportunidades profesionales.

El momento más difícil es de noche. Tu corazón y tu mente se sentirán confundidas al pensar en recuerdos pasados. Aquí es cuando sientes la necesidad de llamarlos o enviarles un mensaje de texto. En lugar de estar triste y dejar que todas tus emociones entren, elige un buen libro. Al leer cada noche, dejarás de preocuparte por el otro y podrás concentrarte en tus propias necesidades.

Si todavía tienes problemas para seguir adelante, es una buena idea buscar ayuda de otras personas. A través de las habilidades de comunicación, podrás identificar qué es lo que más te molesta. Si no tienes amigos con los que hablar o simplemente te sientes incómodo, puedes optar por el asesoramiento psiquiátrico. El psiquiatra está ahí para escuchar tus sentimientos y, a veces, dar consejos sobre qué hacer. También supervisarán tu progreso y te informarán si ven algún cambio positivo. Además, mientras recibes asesoramiento, lleva siempre un diario contigo. Con el paso del tiempo, no estarás tan obsesionado con tu ex como antes.

Cómo reaccionar a los buenos e incorrectos consejos para terminar una relación

Para reaccionar a los consejos buenos e incorrectos sobre cómo terminar una relación, debes tener confianza y estar consciente de todo lo que sucede a tu alrededor. La comunicación también es un factor a la hora de terminar una relación. Asegúrate de concentrarte en estas tres cosas. De lo contrario, cuando la gente te diga que sigas con una relación horrible, podría salir terriblemente mal. Los hombres y las mujeres a menudo se apartan de las relaciones cuando ven que ya no es bueno para su salud física y mental.

Tomando consejos

Aquí hay algunos consejos para cuando decida que terminar una relación es lo apropiado.

Confianza: Tener la confianza de que puede seguir adelante es muy importante. Probablemente sienta que no puede amar a nadie más en este momento, pero esto no es cierto. El tiempo comenzará a curarte lentamente, dejando espacio para que se desarrollen nuevas relaciones. En lugar de enfurruñarte en tu habitación, sal de la casa. Anímate y únete a actividades comunitarias como el voluntariado. Esta es una excelente manera de abrirse a otras personas y dejar de pensar en las cosas. Hay muchos eventos voluntarios como jardinería, recoger basura, unirse a un centro de salud y ayudar a los niños necesitados. Con confianza, estará seguro de que te recuperarás en poco tiempo. Solo necesitas tener fe en ti mismo.

Conciencia: Ser consciente de sus sentimientos es el primer paso para mejorar. Si lo omite y se detiene, está reprimiendo sus emociones. Está bien llorar de vez en cuando. Si no deja salir sus sentimientos, es posible que aún se sienta amargado o triste. Le impedirá seguir adelante y tomar el control de su vida. Si tiene dificultades para ser consciente de sus emociones, la música a menudo le ayudará. Escuche música cuyas letras expresen un sentimiento profundo. Empezará a tener las mismas sensaciones también.

Comunicación: Poder comunicarse con los demás no solo lo hará sentir mejor, sino que también podrá superar esta situación. Al comunicarse con los demás, lo que está haciendo es liberar cualquier sentimiento que tenga. Puede hablar con sus amigos y familiares sobre lo que está sucediendo. Le darán consejos o simplemente serán quienes le escuchen. Normalmente, cuando otros nos reconocen en la vida,

se abre una puerta. El camino que pasa por esta
puerta conduce a la paz, la felicidad y la armonía.

Los beneficios en una relación

Si no está seguro de seguir adelante, probablemente,
en primer lugar, no sea una buena idea romper una
relación. Debe determinar si la unión tiene potencial y
vale la pena salvarla. Hay muchos beneficios de
satisfacción dentro de una relación y al seguir
adelante, puede darle la oportunidad de ir
descubriéndolos. Aquí hay algunos consejos sobre
cómo puede superar todo y encontrar la fuente de por
qué todos sus problemas siguen apareciendo. El
cambio siempre es posible, pero no se puede hacer con
fuerza. El estímulo positivo para el cambio es la mejor
manera de superar los problemas de relación y ayudar
a desarrollar buenos hábitos para su pareja.

Las cosas buenas

Hablar con tu otra mitad sobre cualquier problema en
la relación es importante cuando se trata de encontrar
una solución. Si parece vacilante o no está listo para
cualquier cambio, debería considerar si vale la pena
seguir adelante. Si cambian, deles una oportunidad.
En el futuro, es posible que vuelvan a sus viejas
costumbres y, una vez que esto suceda, es hora de
dejarlo todo. Debería estar con alguien que se preocupe
lo suficiente por usted como para que esté dispuesto a
cambiar sus hábitos. De eso se trata el amor: de hacer
sacrificios.

Repase todo con lo que ambos están teniendo problemas. Puede que no sea por un tema importante. A menudo, el divorcio se debe a muchos pequeños problemas que tienden a acumularse. Ambos pueden estar enojados el uno con el otro e incluso pueden tomar represalias. Obviamente, esto no es saludable para la relación. Para comenzar a hacer cambios, dígale a su cónyuge lo que le molesta.

No los acuses ni les grites cuando empieces a hablar de problemas. Dales un cumplido por algo que hayan hecho hoy y pasa al siguiente tema. Si le dices a tu cónyuge tus emociones cuando hace algo en particular, es posible que incluso lo haga sentir culpable. Hacerlos culpables no es el objetivo, pero también puede ser efectivo. Tu pareja se dará cuenta de tu sensibilidad e incluso puede disculparse, buscando respuestas sobre cómo solucionar el problema. Recuerde, no se trata de lo que dices, sino de cómo presentas el tema en sí.

Los méritos de seguir adelante sin él después de una relación a largo plazo

Seguir adelante sin él puede hacerte una persona más fuerte en el futuro. Aunque seguir adelante puede ser una de las cosas más difíciles de tu vida, es también cierto que te beneficiarás de este cambio. Si estás con alguien que es agresivo, no se preocupa por tus emociones y es egoísta, esta persona no es alguien con quien quieras estar.

Hacia adelante

Lo mejor de seguir adelante es que no permitirás que te arrastre emocionalmente al suelo. Si estás cerca de alguien que te trata mal, perderás la confianza en ti mismo. Rodéate de personas positivas mientras sigues adelante. Podrías salir con algunas chicas/chicos para estimular tu espíritu. Estoy seguro de que han pasado por situaciones del mismo grado y pueden ayudarte. Si te quedas con tu ex, incluso podrías deprimirte.

Por ejemplo, si tu novio ya te ha sido infiel tres veces durante la relación, esto te deprimirá. Incluso podrías estar pensando que hay algo mal en ti. ¿Soy lo suficientemente bonita para él? El problema no es tuyo. Algunos hombres simplemente no están listos para establecerse y cambiar sus hábitos. Si son más jóvenes, esto es muy cierto.

Ahora, esto no significa volver a salir con cualquier hombre. En cambio, concéntrate en ti misma. ¿Cómo puedes cambiarte a ti misma como persona y desarrollar buenos hábitos? Al hacer cosas como ir a la escuela, presentarse a trabajar todos los días e incluso ser voluntaria en ciertas actividades, te permitirá conocer personas que están interesadas en las mismas cosas que a ti. Es una buena idea conocer mujeres u otros hombres para una futura relación duradera, pero si surgen personas para hacer más ameno el camino, también está bien. Desarrolle algunas amistades en lugar de tener citas. Es posible que estés listo para tener una cita nuevamente en el futuro y quién sabe, el chico al que le gustas podría incluso estar esperando ese día.

20 razones por las que deberías seguir adelante sin él

Hay muchas razones por las que debería seguir adelante sin él. Es posible que él te esté reprimiendo la vida y que no puedas hacer las cosas que te gustan, o incluso evitar que conozcas a un chico que realmente sea bueno para ti. Y esto no importa si eres una mujer joven o una mujer mayor. Tenemos mucha vida por delante para ver qué hay ahí fuera. Pueden pasar muchas cosas en tan solo unos meses.

Recuerde que a veces seguiremos adelante por una razón. Incluso si no cree que pueda dejar a su novio o esposo, la situación mejorará si lo intenta. El tiempo siempre repara el corazón. Incluso si lo extrañas después de unos años, conocerás a otra persona. Al conocer a alguien que sea mejor para ti y te trate bien, te darás cuenta de que hay buenos hombres y mujeres por ahí. Son difíciles de encontrar, pero si comienzas a salir con personas que tienen buenos hábitos, no te sentirás decepcionado. Aquí hay 20 razones por las que debería seguir adelante y sin él.

1. Para experimentar cosas nuevas y mejores en tu vida.

2. Vive la vida al máximo sin que él te arrastre

3. Disfruta más tus amistades

4. Conócete a ti mismo

5. Enfócate en tu carrera

6. Enfócate en tu educación

7. Repara tu vida familiar y construye lazos familiares más fuertes

8. Estar libre de acoso y abuso

9. Estar libre de alguien que no te ama de verdad.

10. Ten la oportunidad de conocer a otros chicos que sean buenos para ti.

11. Desarrolla una relación sólida contigo misma (espiritual)

12. Empiece a buscar la ayuda de personas fiables

13. Concéntrese en los problemas de salud físico o mental que puedas tener.

14. Rodéate de gente positiva

15. Poder identificar tus emociones

16. Deja de ser controlado/a y manipulado/a

17. Libérate de un hombre/mujer que no te respeta

18. Toma las riendas de las metas de tu vida

19. Poder concentrarte en tu carrera

20. Establezce un entorno seguro para usted

Capítulo 4
Aceptar la ruptura

Es hora de dejarlo ir cuando tu pareja te ha dicho que de manera definitiva quiere terminar la relación contigo y él/ella insiste en no volver nunca más contigo. No tiene sentido perseguir a tu ahora ex; después de todo, si lo amas, le desearías felicidad, ¿verdad?

Vuelve a levantarte más fuerte y comienza una nueva vida

Estas son algunas formas de ayudarlo a aceptar la realidad de la ruptura, y así tener más confianza en sí mismo y levantarse con éxito.

Evite los pensamientos negativos. No deje que las emociones o los sentimientos negativos se hagan cargo de su bienestar. Ser pesimista no cambiará la situación, pero tener pensamientos positivos le ayudará a sentirse mejor y a recuperarse fácilmente de la angustia.

Tire los recuerdos. Tire las cosas que le recuerden a su ex: la camiseta de la pareja, la almohada que le dio, el reloj que le compró el día de San Valentín, etc. Debería empezar a mirar hacia adelante en la vida, ya que esto le ayudará a recuperarse más rápido, y a prepararse para la próxima relación.

Haga algo que normalmente no intentaría. Póngase a prueba para escalar montañas o nadar a través del océano. Lograr algo nuevo en su vida le brindará satisfacción y le hará darse cuenta de que la ruptura no es gran cosa.

Libere sus sentimientos de forma saludable. Realice sesiones de gimnasia o inicie una rutina de ejercicios. Escribirlo, si le resulta difícil no pensar en la ruptura, puede ayudar a poner las cosas en perspectiva. Estas acciones pueden ayudarle a sentirse mejor y permitirle tener una comprensión más clara sobre la ruptura.

Piense en los defectos de su ex. Si aún no puede superar la ruptura, piense en todas las cosas malas de su ex, todos tenemos nuestro lado jodido.

Lección aprendida de esta relación

Una ruptura es dolorosa, pero tampoco es completamente terrible. Al menos, ganó una experiencia más sobre el amor y la vida. Un día, cuando se haya curado por completo de la angustia, se encontrará sonriendo por las tonterías que ha hecho. De seguro serán varias los cosas que habrá aprendido:

Saber cómo elegir un mejor socio. Se sentirá más seguro de sí mismo y de su elección. Sabrá qué es lo mejor para usted y quién merece su amor y cuidado genuino.

Aprendió a tratar mejor a su futura pareja. A través de esa relación, comprende mejor lo que realmente lo hace feliz.

Saber cuándo animar y cuándo evitar molestar. Sabe qué se debe o no hacer, qué se debe o no se debe hablar.

Aprendió a manejar mejor la angustia. En caso de que haya otra relación fallida en el futuro, será más fuerte ya que ha pasado por esta experiencia antes, y no será tan frágil con respecto a la vida amorosa. Sabe lo que puede hacer para levantarse el ánimo.

Además, a través de esta experiencia, es posible que sepa cómo comunicarse mejor con otras personas.

Aprendió a respetar a los demás. Cuando está en una relación, cuida a su pareja la mayor parte del tiempo, tratando de entenderse y evitar complicaciones en la vida.

Aprendió a respetar el tiempo y el espacio personal de la otra persona, así como su derecho a expresarse.

Llegará a conocerse mejor a sí mismo, en lugar de suponer que sabe quién es. Su pareja es como un espejo para usted: refleja su personalidad y carácter, o formas de manejar las actividades diarias. Poco a poco se dará cuenta de sus propios errores a medida que su pareja se lo indique.

Dejar de culpar y olvidar el pasado

Para sobrevivir a una ruptura, debe ser generoso e intentar olvidar el pasado. ¿Por qué querría que las emociones negativas continúen sin un final a la vista y atrapadas en su mente, afectándole en sus funciones de la vida diaria? Si todavía tiene sentimientos hacia su ex, perdónela totalmente; el perdón es el acto de amor más grande de todos.

Echar un vistazo

No culpe a nadie de todo. Una ruptura ocurre cuando hay problemas causados por ambas partes. Deje de pensar que su ex es el que tiene todos los defectos. Tampoco se culpe por lo que ha hecho y no se arrepienta de las cosas.

No se cuestione ni lo que debería haber hecho en ese momento. La relación ha terminado, entonces, ¿por qué seguir averiguando qué hacer para frenar los problemas, especialmente si no hay posibilidad de reconciliarse? En este momento, debe concentrarse en cómo deshacerse de la angustia y no quedarse con ella.

No mire hacia atrás. Deje de recordarse a sí mismo sobre las fallas en la relación, incluida la revisión de todos los mensajes de texto y correos electrónicos de su ex en el pasado. No permita que todo esto sea el escollo que le impide pensar por usted mismo.

Recuerde lo bueno, deshágase de lo malo. Recuerde los buenos recuerdos que ambos compartieron juntos; pero evite reflexionar sobre los malos tiempos y las presiones, ya que esto le hará sentirse menos seguro para comenzar una nueva relación.

Concentrarse en el futuro. Independientemente de lo que haya experimentado en esa relación, tómelo como experiencias que lo llevarán a un nivel completamente nuevo de examinarse a sí mismo y avanzar hacia un futuro mejor. Nunca es bueno reflexionar sobre todos los problemas que enfrenta la relación, pero cuando lo haga, asegúrese de saber cómo encontrar formas de mejorarse.

Manténgase alejado de su ex

Esta es la mejor manera de deshacerse de los sentimientos pegajosos o la dependencia emocional hacia quien fue el amor de su vida: manténgase alejado de su ex. Trate de evitar mantenerse en contacto, ya que creará oportunidades para que ambos reaviven la llama. No se preocupe por cómo sobrevivirá a la ruptura.

Aquí hay algunos consejos sobre cómo mantenerse alejado de su ex:

Quédate con eso. Al principio será difícil no mantenerse en contacto con su ex, pero con el tiempo será más fácil. Sea disciplinado al recordar que no debe caer en la trampa de querer volver a estar juntos y tenga fe en usted.

Ignore cortésmente todos los intentos de su expareja de contactarle. Es posible que su ex se sienta mal por romper con usted o que siga preocupado por su bienestar. Intente rechazar o evitar estos contactos diciéndole que necesita algo de tiempo a solas.

Evite el contacto cara a cara con su ex. Trate de evitar conocer en qué anda su ex tanto como sea posible. No lo busque en las redes, ni pregunte por él entre sus amigos o familiares.

Siga con sus planes. Para mantenerse alejado de su ex, debe hacer sus propios planes para distraerse y no contactarlo. Las personas que le rodean pueden darle muchos consejos, pero es mejor seguir con sus propios planes, a menos que pueda tomar las mejores decisiones a partir de los consejos dados.

No escuche rumores. La gente difunde rumores solo para hacerle sentir molesto o, a veces, se hace sin querer. No se deje atrapar por esos comentarios negativos; aléjese o discúlpese para no escucharlos.

Iniciar un diario de ruptura

Para ayudarse a sentirse mejor después de la ruptura, siempre es mejor poner las cosas por escrito. Comenzar un diario de ruptura es simple; prepare un cuaderno y un bolígrafo. Sin embargo, la elección de cómo personalizarlo depende de usted. Un diario de ruptura puede tener muchas formas, ya sea en formato de cuaderno, un álbum de recortes o un archivo digital; elija lo mejor que pueda ayudarlo a sobrevivir a su ruptura.

Cuando escribe en momentos malos o estresantes, normalmente terminará sintiéndose mejor. Escribir lo que probablemente se guardaría para sí mismo le ayudará a desahogar su enojo, agravio, infelicidad, etc.

Obtendrá más control de su vida. Por la noche antes de dormir, escriba lo que sucedió durante el día o cualquier evento en su vida. Esto le permite reflexionar sobre lo que ha hecho y le permite corregir sus errores si los tiene.

Aclara su mente. Pone creatividad al escribir sobre los eventos de su vida, como la elección de palabras, el formato (poemas, diálogos, texto sin formato, etc.), o puedes usar dibujos en lugar de escribir. Estas acciones permiten que sus pensamientos se centren en ideas creativas, en lugar de sentir dolor y estrés.

Mejora su salud mental. Escriba sobre sus momentos estresantes o eventos emocionales. Por lo tanto, tener un diario de rupturas ayudaría a sanar y recuperarse de una mala ruptura.

Debe considerar las entradas diarias que se incluirán en el formato de su diario de ruptura. Trate de desarrollar el hábito de escribir todos los días. Sin embargo, está bien si se pierde algún día, simplemente continúe con los eventos del día actual. Recuerde mantener este diario personal y privado, para que pueda liberar sus pensamientos libremente.

Existen personas que tienen el don de la escritura, y con sus pensamientos pueden generar una historia que parte de un divorcio con el que están viviendo, y de allí imaginan un futuro para esa persona y generan una novela que luego la publican.

Ganando fuerza con amigos y familiares

Esté donde esté, sus amigos y familiares son los que estarán disponibles para usted en todo momento. Nunca olvide que sus amigos y familiares son las personas más importantes en su vida, incluso con o sin un compañero de vida.

Estas son algunas de las razones por las que puede ganar fuerza con ellos, especialmente después de una ruptura:

Ellos están ahí para usted. Los miembros de su familia son los que más se preocupan por su bienestar. Sus amigos cercanos le apoyarán en sus decisiones. Estas personas son las que le rodean la mayor parte del tiempo y le entienden mejor.

Recibirá los mejores consejos. Su familia y amigos le dan consejos prácticos y razonables, porque ellos conocen mejor su personalidad y carácter. Ellos saben lo que es mejor que escuches y, por lo tanto, intentarán darte un consejo.

Harán todo lo posible para ayudarte a salir de las malas relaciones. Nunca te fallarán. Cuando estás molesto, la familia y los amigos pueden llevarte a tomar un descanso o simplemente para disfrutar y divertirte. Cuando no tenga idea de dónde liberar sus pensamientos, su mejor amigo le pedirá que hable de lo que piensa.

Pueden ayudarlo a resolver sus problemas. Incluso si desea reconciliarse con su ex, encontrará consejos sobre si vale la pena intentarlo. Cuando le resulte difícil soportar la angustia, su familia y amigos permanecerán conectados con usted para asegurarse de que esté bien, o tal vez lo ayuden al tratar de arreglarlo con una mejor pareja futura.

Son buenos oyentes. Nunca descuide este hecho: Su familia y amigos son los que están dispuestos a escucharlo y realmente sienten su angustia, por lo que lo ayudarán lo mejor que puedan.

Trabaje duro y manténgase ocupado

No debe volverse más negativo después de haber experimentado una mala ruptura. No dcbe ser una persona triste, deprimida y patética por mucho tiempo, ya que esto puede convertirse en un hábito. Debe entender que, aunque perdió a quien más amaba, no perdió todo.

Este es el momento para que se esfuerce más por sí mismo y logre un mayor rendimiento en su trabajo. Trabaje para conseguir un aumento de sueldo, una promoción más alta o una gran oferta que le satisfaga.

Si es posible, muévase a un lugar mejor. Múdese a otro lugar para tener mejores oportunidades laborales o úselo como una forma de mantenerse alejado de su ex y evitar cualquier contacto. Esto le permitirá prestar toda la atención a su trabajo.

Realice más actividades recreativas. Vaya a sesiones de gimnasia, ciclismo, caminatas y cualquier otra actividad física que le beneficie a usted y también a su salud física.

Participe en grupos sociales, como asistir a actividades de la iglesia, ser voluntario, etc. También puede practicar meditaciones para lograr el equilibrio emocional, espiritual y mental.

Cuando se mantiene ocupado se encuentra ganando una mayor confianza en sí mismo. Las rupturas hacen que desarrolle una baja autoestima, haciéndole sentir inferior porque la persona a quien más amabas ahora le rechaza.

Crece en madurez y se conviértete en una mejor persona. Debe sumergirse en su trabajo y mantenerse ocupado con útiles actividades, obligándose a mantenerse alejado de sentirse deprimido, lo que puede causar indulgencia negativa, como beber en exceso, dormir exageradamente o incluso suicidarse.

No tiene que preocuparse por su futuro. Al menos después de la ruptura, tiene una vida laboral estable o mejores oportunidades laborales. Puede encontrar un mejor socio futuro de la manera más inesperada. Además, a través de un mejor desempeño laboral, puedes demostrarle a su ex que la vida sin él/ella aún continúa.

Cuidando de ti mismo

Las rupturas pueden ser muy dolorosas, ya que alguien a quien amabas y con quien más tiempo pasaste, ahora te rechaza, o alguien que alguna vez te amó ya no lo hace. Dado que no puede revertir la ruptura, es hora de que levante el ánimo, sea fuerte y sobreviva a la relación. Puede ser difícil recuperarse, pero puede comenzar con el primer paso: cuidarse.

No te dejes enfermar. No permita que los sentimientos y emociones negativos afecten su salud física. Evite pensar demasiado. No se deprima demasiado, ya que podría cansarlo físicamente, lo que podría afectar sus rutinas diarias. Lo más importante es descansar y dormir lo suficiente.

Evite los hábitos autodestructivos. No consuma drogas. No empiece a fumar mucho ni se emborrache con frecuencia. Estos ansiolíticos nunca le ayudarán a sentirse mejor; en cambio, puede destruirlo con el tiempo. También tenga en cuenta que, además de su ex, hay personas que todavía le quieren, especialmente su familia y amigos.

No pierda el tiempo con el amor. Antes de que comprenda y maneje completamente la ruptura, no se apresure a la próxima relación; no se acueste con otras personas solo porque quiere vengarse de su ex o porque siente que nadie le quiere más. Respétese a sí mismo y no baje su autoestima.

Manténgase al día con sus rutinas diarias. Después de la ruptura, libere sus emociones. Llore mucho, póngase de mal humor y enfádese, pero no se deje llevar por esto por mucho tiempo. Vuelva a sus rutinas diarias lo antes posible. Volver a la normalidad o incluso convertirse en una mejor persona es mejor para usted y los que le rodean. Aprenda a concentrarse en pensamientos y acciones felices.

Seguir adelante y comenzar un nuevo estilo de vida

Mantenerse positivo es la mejor manera de curar su dolor y recuperarse de una mala ruptura. No se deje caer más profundamente en la depresión después de la separación, y debe entender que puede haber otras personas que dependan de usted: su compañero de trabajo, sus colegas, su familia y amigos o sus hijos. Hay muchas cosas geniales en el futuro listas para que las descubra y las posea.

Puede considerar cambiar su lugar de trabajo o establecer su vida en otro lugar. Vaya al extranjero para obtener más estudios o mejores oportunidades laborales si puede. Esta es una buena forma de deshacerse de los pensamientos de la ruptura y vivir con recuerdos pasados.

Incremente su conocimiento. Empiece a tener hábitos de lectura, a plantar, etc. Puede empezar un nuevo estilo de vida disfrutando de algo que le encantaría hacer y que puede beneficiarle. Incluso puede aprender más tomando lecciones en un idioma diferente, cocina, lecciones de golf, o puede continuar sus estudios para obtener un doctorado.

Ahora que está soltero/a, dese una vida mejor. Vaya a un spa de relajación, reflexología o practique yoga, practique meditaciones para realzar su belleza externa e interna. Elija un deporte, un pasatiempo o un interés para hacer cuando esté libre. Socializar con los demás, ya que proporciona una condición de bienestar más saludable, mental, psicológica y emocionalmente. Salga con sus socios comerciales incluso después del trabajo por placer. Tenga un buen día de compras con sus mejores amigas.

Cuando esté listo para seguir adelante y dejar atrás la ruptura por completo, tome la decisión correcta para usted, para encontrar una mejor pareja en el futuro para una relación más seria, o permanecer soltero/a.

Algunas rupturas pueden ser horribles debido a las dificultades para solucionar problemas importantes. Algunas personas pueden sufrir violencia doméstica o tener una pareja que viola sus propios derechos personales.

Algunos están tan apegados a su pareja que no tienen ni idea de cómo sobrevivir a la ruptura. Si nada más funciona, para que pueda sobrevivir a una separación, es mejor buscar ayuda profesional o asesoramiento para comenzar el proceso de recuperación.

Las sesiones de asesoramiento pueden ayudarlo a deshacerse de sus emociones y sentimientos negativos pesados después de la ruptura, como la tristeza, el agravio, el sentimiento de remordimiento, etc. El asesoramiento también puede ayudarlo a controlar su agresividad.

A través de las sesiones de terapia, es posible que se dé cuenta de algunos de sus propios errores o de cuál es la principal causa de la ruptura, que poco a poco le permite liberarse de las ataduras.

Si cae en adicciones como las drogas, el tabaquismo, el alcohol o cualquier otra actividad de vicio después del divorcio, el asesoramiento lo ayuda a mantenerse alejado de ellos y lo lleva de nuevo al camino con sus rutinas diarias saludables.

¿Qué pasa con los niños en el divorcio de los padres?

Si los padres se separan, a menudo significa el fin de la familia para los niños.

Más del 30 por ciento de todos los matrimonios en una sociedad desarrollada están divorciados. Las familias rotas y los niños separados infelices quedan atrás. La psicología ayuda a comprender cómo los padres y sus hijos pueden volver a reunirse.

No hay hijos felices del divorcio. Pero hay niños y jóvenes que pueden volver a ser felices después de la separación de sus padres.

¿Por qué los niños y jóvenes sufren la separación?

Todos los niños nacen como seres sociales. Poco después de su nacimiento, buscan el contacto con nosotros los padres, inicialmente con gestos sencillos, luego con las primeras palabras. Tal "relación de resonancia" da como resultado un fuerte vínculo entre los niños y sus padres. Los niños necesitan este vínculo porque nacen sin terminar y dependen de sus cuidadores más importantes durante mucho tiempo.

Cuanto más pequeños son los niños, más sienten que su vínculo con sus padres se ve amenazado cuando se separan. Los niños más pequeños casi siempre tienen un gran miedo a la pérdida: "¿Todavía están ahí cuando los necesito?", "Si uno se va, ¿el otro también se irá?".

Los niños mayores y los adolescentes a menudo piensan: "¿Todavía valgo algo para ellos?" Escucharon discusiones adultas y vieron a sus padres separarse. Padres que les habían asegurado una y otra vez cuánto los amaban, pero que prefirieron separarse sin preguntarles a ellos.

Otros niños, en cambio, se culpan a sí mismos por la separación de sus padres. ¡No es una situación fácil!

Mirando hacia el futuro en lugar de sentirse culpable

Todos queremos que nuestros hijos no sufran daños y estén bien. Si caen al agua y aún no pueden nadar, saltamos tras ellos. Nos preocupamos cuando van solos a la escuela por primera vez y más tarde cuando no están en casa a la una de la madrugada cuando son adolescentes.

Cuando los padres se separan, toman una decisión por sí mismos que lastima a sus hijos. Por supuesto, hay buenas razones para romper, pero, aun así, muchos padres se sienten culpables cuando sus hijos sufren. Otros, en cambio, se niegan a admitir que sus hijos se sienten infelices y trivializan el proceso.

Los sentimientos de culpa y banalización no son buenos consejeros. Es mucho más importante ahora seguir estando ahí para los niños juntos y mirar hacia el futuro.

Con factores protectores que se agregan después de la separación los niños vuelven a ser felices.

Además, hay muchos estudios científicos que muestran que la mayoría de los niños afrontan bastante bien la separación de sus padres después de seis meses a un año. Y más tarde, como adultos, apenas se diferencian de los que crecieron en familias tradicionales.

Pero ciertas condiciones son necesarias para esto, "factores protectores", como yo los llamo. Para que los pequeños en particular puedan seguir sintiéndose seguros incluso después de que sus progenitores se han separado, ahora necesitan nuestro amor incondicional, incluso si están tristes cuando su rendimiento escolar se deteriora o, a veces, desahogan su ira contra nosotros. También necesitan la confianza de que alguien estará allí cuando regresen a casa o cuando se sientan incómodos.

Pero especialmente necesitan padres, y todos los investigadores de la separación están de acuerdo en esto, que continuarán estando juntos para ellos. Esto supone que sus padres pueden diferenciar entre el nivel de pareja y el nivel de padres: ya no somos una pareja, pero ambos seguimos siendo responsables de nuestros hijos. Los psicólogos llaman a esto coparentalidad.

Lo que los niños no necesitan para nada son los conflictos de lealtad, a los que sus padres los lanzan cuando hacen que "el otro" sea el "malo de la historia" frente a ellos, o cuando sus padres les preguntan a quién prefieren, mamá o papá. Les duele porque no quieren tener que decidir a favor o en contra de uno de ellos. Los conflictos de lealtad ponen a los niños y jóvenes bajo un estrés constante y luego pierden gradualmente su orientación.

Por lo tanto, si es posible, debe evitar los tribunales. Los niños quieren quedarse con ambos padres, incluso si se han separado. Si los padres continúan estando juntos para sus hijos, pueden estar orgullosos de ello. Entonces sus "hijos separados" pueden volver a ser felices.

Capítulo 5
Anticiparse a futuras rupturas

Es posible que sepa o no lo que salió mal en su pareja que los llevó a la ruptura. Consideraría evitar los mismos errores para asegurarse de que no vuelva a suceder. Cuando esté listo para seguir adelante con una nueva relación, lo más probable es que espere que esta relación funcione bien.

Después de la ruptura:

Estar en la relación correcta

No haga suposiciones. No siempre asuma que ya sabe lo que sucederá a continuación ¿Cree que sabe lo que realmente quiere o lo que más necesita su pareja? Asume que sabe qué hacer a continuación y cómo reaccionará su pareja. ¿Qué pasa si, en realidad, no la conoce bien? Seguramente esto provocará todos los malentendidos posteriores.

Muéstrele amor a su pareja. Cuide de ella en todo momento. Participe en los eventos de la vida de su nuevo socio, actividades, etc. Manténgase conectado con él/ella.

Dele una llamada o envíele mensajes de amor, sin importar si hay un aniversario que lo motive. De vez en cuando, también debe darles sorpresas (de las lindas).

Manténgase positivo. Para tener una relación correcta, evite involucrarse en emociones negativas. No permita que se produzcan sentimientos oscuros y no piense en lo peor para la situación actual que ambos están enfrentando. Trate de estar tranquilo para superar el estrés al que se enfrenta en las rutinas diarias.

Mantenga un corazón abierto. Después de una ruptura, probablemente se sienta herido y no importa cómo esté tratando de ocultarlo, permanece en lo profundo de su corazón. Para una nueva relación, evite cualquier referencia a la anterior. No deje que el compromiso que ya pasó le persiga ni física ni mentalmente. Además, no tema volver a enamorarse. Mantener un corazón abierto le permitirá ver claramente si está en una relación correcta o incorrecta.

Tener un propósito común

Tener un propósito común para la relación o en la vida es una excelente manera de mantener una nueva convivencia sana. Conocer el propósito común que ambos comparten ayudará a asegurarse de que esta sea la relación correcta. Por lo tanto, uno debe considerar el propósito común que ambos comparten antes de entablar una relación.

Importancia de tener un propósito común

Al tener un propósito común, conocerá las direcciones en que viaja la pareja. Es mejor que ambos cónyuges estén listos para el matrimonio, en lugar de que solo uno sea apasionado.

Pueden comunicarse entre sí de manera efectiva. Sabe lo que le pide su pareja, conoce sus necesidades y, tal vez, pueda averiguar cómo piensa. Con un propósito común, también podrá participar en las rutinas diarias de ella. Esto disminuye los malentendidos y la desconfianza hacia los demás.

Es más fácil expresar los sentimientos el uno al otro. Comprenderá bien sus condiciones, lo que está enfrentando y atravesando actualmente. Así, él/ella tendrá confianza en usted y expresará sus emociones y pensamientos porque usted la entiende y se preocupa. También se sentirá mejor y bajará la guardia para contarle sus sentimientos cuando esté seguro de que entiende sus situaciones.

Pueden trabajar juntos hacia soluciones. Si alguno de los socios tiene pensamientos diferentes sobre la relación o todo lo que están pasando, será difícil hacer las cosas bien. Con un propósito común, sabrá cómo reaccionar ante un problema, como enfrentarlo y qué soluciones puede adoptar. También podrá respetar la forma en que su pareja soluciona los suyos, ya que sabe que ambos tienen un pensamiento común.

Algunas relaciones son temporales

Si es un estudiante de secundaria o un adulto que intenta encontrar un nuevo amor y una nueva vida, querrá tener una mejor relación que la anterior. Las sociedades amorosas no son del todo perfectas al punto de "hasta que la muerte nos separe"; debe comprender que hay algunas relaciones que están destinadas a ser solo temporales. Asegúrese de saber qué hacer para mantener una relación a largo plazo.

Cómo mantener una relación a largo plazo

Estar en una relación no solo los involucra a usted y a su pareja, sino también a sus familiares y amigos. De ahí que también debe mantener una buena convivencia con las personas cercanas a su pareja, entenderlas y saber cómo tratarlas bien. Esto evitará que surjan conflictos.

Perdona y olvida. Perdonar es el mayor acto de amor de todos. Trate de perdonar a su ex pareja por todas las malas acciones que hizo. Trate de olvidar las cosas malas que sucedieron ayer o antes y espere un mejor hoy o mañana. Además, no culpe al otro de todo.

Brindar apoyo mutuo. Todos necesitan el apoyo de su media naranja, especialmente cuando se mantienen en una relación, ya sea física, financiera, emocional o espiritualmente. Dar confianza y ganarse la confianza de su pareja es fundamental para evitar tener solo una unión temporal. Escúchela siempre y entienda las necesidades del otro.

Encuentre una forma inmediata de solucionar problemas y resolver los conflictos entre ambos. Es recomendable solucionarlos antes de irse a dormir. Comparta sus pensamientos. Si es posible, discuta el asunto y permita que su pareja participe en la solución de los dilemas. Además, sea maduro en el manejo del asunto y piense racionalmente antes de actuar.

Escuche siempre su instinto, cuando sienta que algo anda mal

Escuchar su instinto es ser honesto consigo mismo. Especialmente cuando siente que algo va mal, sus instintos le dicen qué hacer y cómo resolver el asunto de la manera más natural. Pensar demasiado a veces puede mostrar dudas en sus declaraciones o sus acciones, lo que lleva a sospechas, desconfianza y malentendidos.

Siempre escuche

No niegue sus sentimientos. Es preferible abordar los problemas de una manera particular, basándose en una corazonada, que nunca tratarlos. Le parece sospechoso que su pareja llegue tarde a casa todas las noches y, por lo tanto, piensa que podría estar engañándole. Preguntar si realmente desea obtener las respuestas a esa pregunta y confiar en las respuestas requiere un presentimiento. Después de un tiempo, si está tratando de ocultar el asunto, es posible que dude de su pareja y se produzcan malentendidos. Por lo tanto, siga su instinto para evitar todos los contratiempos.

No piense demasiado ni analice demasiado cuando sienta que algo anda mal. Pensar demasiado puede crear una confrontación entre los sentimientos positivos y las emociones negativas; esto quiere decir, que por un lado está el hecho que ama a su pareja, pero a eso se le suma el miedo a perderla o que lo abandone. Debido a esto, es posible que se someta a un estrés innecesario y esto arruine su relación.

Si está preocupado por algo, levántese y diga algo al respecto. Hablar ayuda a disminuir las dudas que surgen. Hable o discuta los asuntos que le preocupan con su pareja. Explique sus sentimientos o las razones por las que reaccionó de la forma en que lo hizo.

Trate de comprender sus instintos y expresarlos de la manera correcta. Expresar su fortaleza es importante, sin embargo, exprésela de una forma que no lastime al otro.

No sea posesivo

La posesividad suele ser provocada por el miedo o las dudas hacia su pareja que tiene en su corazón; también podría deberse a sus anteriores relaciones fallidas. Ser posesivo con su pareja le causará una carga y, por lo tanto, dañará su convivencia. Respete siempre los límites personales del otro. A continuación, se ofrecen algunos consejos sobre cómo evitar ser una pareja posesiva:

Respete el espacio personal del otro. Es necesario comprender las rutinas diarias, la vida laboral, etc. de su pareja, pero no todos los detalles al respecto. Evite pedir demasiado e interferir con la forma en que el otro maneja su vida. Organice o programe el tiempo juntos

de manera adecuada para que pueda limitarse a
obligarlo a conectarse con usted con una frecuencia
equilibrada.

**Dele la oportunidad de tomar decisiones en sus
rutinas diarias**. No se decida por todo, comprenda que
su pareja también puede tener gustos y opiniones
diferentes. Además de esto, déjele tener la oportunidad
de realizar pasatiempos e intereses. Esto haría que
sintiera que quiere lo mejor para él/ella.

Dedique algo de tiempo a usted mismo. Visite a su
familia y amigos, vaya de compras o socialice
realizando algunas actividades deportivas con otras
personas; también puede elogiarse a sí mismo a veces
por lo que ha logrado. Al mimarse, puede evitar
depender demasiado de su pareja, lo que puede
ayudarlo a tener más confianza y ser menos posesivo
con ella.

Trabaje para establecer su identidad individual. Lo
más probable es que se preocupe y piense por su
pareja la mayor parte del tiempo. Es hora de
concentrarse en sus propios deseos e intereses
verdaderos, que quizás haya olvidado a partir de la
convivencia. Lleve a cabo sus intereses y vuelva a
desarrollar la confianza en sí mismo.

La ruptura le hace más fuerte

Haber sufrido una ruptura anterior le brinda la
experiencia de cómo puede y debe manejar el amor.
Una relación fallida puede motivarlo a buscar una

mejor pareja o mejorarlo para manejar mejor el amor. Las siguientes son algunas de las razones por las que la ruptura le hace más fuerte.

- **Obtiene información**

Tendrá una visión más clara de sus elecciones. Será más serio al elegir una mejor pareja. Después de una ruptura, verá claramente lo que realmente quiere y qué esperar de un nuevo compañero/a. Tendrás más certeza y defenderá lo que considere adecuado para su vida, lo que le hará más fuerte y seguro.

Será más consciente de usted mismo. Será más cauteloso con sus acciones. Sabrá qué hacer o qué evitar en la próxima relación. También sabrá cómo mejorarse a sí mismo, lo que crea un mejor yo.

Sabe que ha pasado por una relación dolorosa. Por lo tanto, sabrá cómo lidiar con el estrés y la angustia si su nueva relación vuelve a fracasar. Esto es especialmente si su compromiso sentimental anterior era su primer amor, después de la ruptura, se enojará mucho por ello, se sentirá miserable, vacío, desesperanzado, etc., sin embargo, cuando sea capaz de levantarse y seguir adelante, será una mejor persona que habrá aprendido a convivir.

Para recuperarse de una relación fallida anterior, puede distraerse con otros compromisos, por ejemplo, puede trabajar más duro que antes, recibir sesiones de asesoramiento o estar más centrado en los deportes y otras actividades. Estos le ayudan a desarrollar su confianza en sí mismo y lo harán más fuerte. Tal vez obtenga mejores ofertas de trabajo, compartirá sus historias para ayudar a otros que buscan soluciones en las relaciones, o se mejorará espiritualmente, lo que lo ayudará a mantener un equilibrio mental y emocional.

Reaccionando a la ruptura

Romper significa perder a su pareja, y puede ser algo terrible para usted si todavía tiene momentos en los que no puede olvidarlo.

Reaccionando

Aléjese de su ex. Dígale amablemente que ya está fuera de esa relación y prefiere que le deje en paz. Evite aceptar llamadas telefónicas, mensajes de texto de su ex o responder sus correos electrónicos. Esto le ayuda a aclarar sus pensamientos y poder seguir adelante con su pareja actual.

Programe algunas actividades con sus amigos. Esta es una buena manera de estar ocupado y de mantener alejadas temporalmente las emociones negativas. Pase el rato con sus propios amigos. Pase más tiempo con su pareja actual. Evitar al ex y a los amigos en común, si es que no puede dejar de pensar en su ex en ese período.

Cambie su entorno. Ponga música ligera, clásica o jazz en casa y relájese. Esto le da un efecto calmante que también lo convierte en una persona más sentimental, permitiéndole expresar sus sentimientos, llorar por ello. Por otro lado, ir de viaje o reubicarte en otro lugar, le ayuda a recuperarse.

No reaccione demasiado ante esta ruptura. No haga algo estúpido solo porque está temporalmente molesto. No haga cosas que le causen daño a usted o a su pareja actual.

Encuentre formas de curar su angustia. Exprese sus pensamientos escribiendo o pintando. Leer artículos escritos por otras personas que comparten sus experiencias puede ayudar. Lea libros de motivación e inspírese. También puede escribir sobre sus angustias y compartirlo en línea para ayudar a otros.

Aprender a dejar ir y perdonar los errores cometidos en el pasado es importante para mantener una relación duradera, sana y buena, especialmente cuando experimentó rupturas en la relación anterior y tiene la intención de permanecer el mayor tiempo posible con su pareja actual.

Piense de manera positiva. Cuando se sienta estresado o deprimido nuevamente, déjelo ir. Piense en las cosas buenas de la relación anterior. Tenga en cuenta que la ruptura anterior le brinda una experiencia y puede aprender muchas lecciones de ella. Maneje las situaciones de manera positiva.

Sea abierto con la ruptura. No se aísle. No esconda sus sentimientos y guarde las tristezas en usted mismo. No se encierre en su habitación todo el tiempo. Además, debe mantener la mente abierta para recuperarse más rápido; tienes que seguir adelante.

Acepte el hecho de que no tiene control. Cuando se enfrenta a una ruptura, debe entender que no tiene control sobre su ex o la situación, incluso si estás tratando de cambiar la situación.

Tenga conversaciones positivas con su familia y amigos, especialmente con su pareja actual. Evite hablar de la angustia anterior y de la pérdida de su ex. Hable sobre otras cosas o sobre los problemas que enfrenta ahora y encuentre formas de resolverlos.

Concéntrese en el futuro. Recuerde, la vida es corta. Mirar hacia el futuro. Olvide y perdone a su ex y a la relación anterior. Incluso si usted y su ex siguen siendo amigos, comprenda que los roles íntimos en la vida de su ex han terminado. En cambio, concéntrese en su papel y responsabilidades en la vida de su pareja actual. Además de esto, perdone y deje ir las faltas de su pareja actual.

############

9 798223 661146